당연한 것들을 의심하는
100가지 철학

『「当たり前」を疑う100の方法』(小川仁志)
ATARIMAE WO UTAGAU 100 NO HOUHOU

Copyright © 2024 by Hitoshi Ogawa

Original Japanese edition published by Gentosha, Inc., Tokyo, Japan
Korean edition published by arrangement with Gentosha, Inc.
through Japan Creative Agency Inc., Tokyo and BC Agency, Seoul

이 책의 한국어판 저작권은 BC에이전시를 통해 저작권자와 독점계약을 맺은 ㈜다빈치하우스에 있습니다. 저작권법에 의해 한국 내에서 보호를 받는 저작물이므로 무단전재와 복제를 금합니다.

철학자에게 배우는 새로운 시선

당연한 것들을 의심하는 100가지 철학

오가와 히토시 지음 | 곽현아 옮김

이든서재

시작하며

혁신을 위해 '당연함'을 의심해야만 한다

요즘만큼 신사업에 대한 욕망이 뜨거운 시대도 드물 것이다. 어떤 업계든 보다 새로운 방법, 보다 새로운 상품, 보다 새로운 발상을 갈망하고 있다. 그 이유는 지금까지만 해도 아무 문제가 없었던 시대가 이미 종말을 맞이했기 때문이다. 많은 기업이 이전 시대에서 구축된 시스템으로 연명하고 있지만, 21세기도 이미 4분의 1이 지나고 나니 기존에 구축된 시스템만으로는 지속할 수 없다는 사실을 깨닫게 되었다. 이제 혁신이 필요한 시기가 도래한 것이다.

혁신을 만들어 내기 위해서는 지금까지의 일을 의심해야만 한다. 기존의 성공 사례나 업계 상식은 물론이고, 주변에 산재한 모든 당연함을 의심해야 한다는 말이다. 그런데 문제는 당연함을 의심하려 해도 그 방법을 모른다는 점이다. 학교에서는 사물을 의심하는 방법을 가르치지 않으니 말이다.

학교에서는 항상 '믿음'에 대해서만 교육해 왔다. 대학에 입학한 후에야 겨우 비판적 사고를 배우기 시작하지만, 이미 늦은 감이 있다. 비판적으로 생각하거나 의심의 의미조차 제대로 이해하지 못한 채 대학생들은 사회로 진출한다. 그리고 사회인이 되어서도 변함없이, 아무런 의심도 하지 않고 선례만 답습하며 일하는 것을 '당연'하다고 생각한다. 그러니 서양에 비해 혁신이 일어나지 않는 현실이 그야말로 '당연'한지도 모른다. GAFA(Google, Apple, Facebook, Amazon의 앞 글자를 딴 단어로 미국의 정보기술 업체를 의미)라고 불리는 거대 IT 기업들이 모두 서양 기업이라는 점은 결코 우연이 아니다.

그렇다면 서양은 어째서 혁신을 일으킬 수 있었던 것일까? 서양에서는 '당연함을 의심하는 방법'을 배우기 때문이다. 초등학교에서 대학교에 이르기까지, 서양인들은 비판적으로 생각하는 방법과 의심하는 방법을 적극적으로 교육에 도입해 왔다. 그러니 수업 중에도 종종 손을 들고 질문을 한다. 질문할 거리가 있다는 것이야말로 의심하고 있다는 증거다. 반대로 동양의 대부분 학교에서는 수업 중에 거의 질문을 하지 않는다. 설사 질문한다고 해도 수업과 관련 있는 질문만 해야 하고, 쓸데없는 질문을 할 경우 선생님과 친구들의 질타를 받는다.

질문이 일상이 된 서양 교육의 근저에 존재하는 것이 바로 '철학'이다. 전형적인 사례로 프랑스를 떠올리지만, 어떤 나라든 정도의 차이가 존재할 뿐 철학을 의식하고 있다. 그런 만큼 서양에서는 철학을 난해하고 쓸모없는 학문이라고 여기지 않는다. 실제로 경영자가 대학에서 철학을 배운다거나, 철학자를 경영에 참여시키는 일도 종종 일어난다.

철학에서 가장 중요한 부분이 바로 '당연함을 의심하는 것'이다. 따라서 '철학'이라는 학문은 당연함을 의심하는 방법을 한가득 축적하고 있다.

이 책에서는 그 방법을 남김없이 꺼내어 소개하고자 한다. 구체적으로 part I에서는 일반적인 문제를 의심하는 50가지 방법을 소개하고, part II에서는 개개인의 문제를 의심하는 50가지 방법을 소개한다. 독자 여러분이 이 방법을 반드시 활용하여 주변에서 일어나는 당연한 일들을 의심하게 되기를 바란다. 실천하기 쉽도록 개별 방법을 활용하는 팁도 써 두었다.

이제 주변에서 일어나는 일들을 모조리 의심하고, 혁신을 일으켜 보자! 이 세상을 바꾸는 것은 바로 여러분 자신이다.

오가와 히토시

차례

시작하며_ 혁신을 위해 '당연함'을 의심해야만 한다 • 9

Part I. 당연함을 의심하는 50가지 방법

001 **기존과 다른 사실을 제시하라**
소크라테스의 '문답법' • 20

002 **판단을 중지하라**
후설의 '현상학적 환원' • 22

003 **요소로 분해하라**
데리다의 '탈구축' • 25

004 **움직임으로 세상을 보라**
들뢰즈의 '생성변화' • 27

005 **세상을 거꾸로 보라**
칸트의 '코페르니쿠스적 전회' • 29

006 **상대에 맞춰 변화하라**
세르의 '에트흐' • 31

007 **쓸모없는 것을 중시하라**
세르의 '노이즈' • 33

008 **욕망의 더 깊은 곳을 꿰뚫어 보라**
라캉의 '대상 a' • 36

009 **'세상이 전혀 다르게 변한다'라고 가정해 보자**
메이야수의 '사변적 실재론' • 38

010 **인간을 제외하고 생각해 보자**
하먼의 'OOO' • 41

011 **'모두 다른 세계에 살고 있다'라고 생각하자**
윅스퀼의 '환세계' • 43

012   '알고 있는 사실을 모른다'라고 생각해 보자
          소크라테스의 '무지無知의 지知' • 45

013   '모든 것이 가짜'라고 의심해 보자
          플라톤의 '이데아' • 48

014   '모든 것이 하나의 원리로 성립된다'라고 가정해 보자
          라이프니츠의 '모나드' • 50

015   '모든 일이 편견 탓'이라고 생각해 보자
          베이컨의 '아이돌' • 53

016   모든 것은 '단순한 지각'일 뿐이라고 생각해 보자
          흄의 '지각知覺의 다발' • 56

017   머리가 아닌 몸으로 생각해 보자
          메를로 퐁티의 '신체론' • 58

018   '말이 세상을 만든다'라고 생각해 보자
          소쉬르의 '시뉴' • 60

019   전체 구조로 눈을 돌려라
          레비스트로스의 '구조주의' • 62

020   자발적 일이 누군가의 강요로 인한 것은 아니었는지 생각해 보자
          푸코의 '판옵티콘' • 64

021   '본다=있다'라고 인식해 보자
          가브리엘의 '신실재론' • 66

022   '불가능은 없다'라고 생각해 보자
          헤겔의 '변증법' • 69

023   '근저에 무엇인가 큰 원리가 있다'라고 생각해 보자
          마르크스의 '하부구조' • 71

024   '사물보다 차이가 먼저 존재했다'라고 인식해 보자
          데리다의 '차연' • 74

025   '모든 일은 정해져 있다'라고 생각해 보자
          홉스의 '자유의지론' • 76

026   모든 일이 '우연'이라고 생각해 보자
          쿠키 슈죠의 '우연성' • 79

027   모든 것은 '지식의 유행'이라고 생각해 보자
          푸코의 '에피스테메' • 81

028 '내가 세상을 바꿀 수 있다'라고 생각해 보자
사르트르의 '실존주의' • 83

029 이 세상은 모두 '동일한 하나'라고 인식해 보자
장자의 '만물제동' • 85

030 모든 것을 강도^{强度}의 기준으로 인식해 보자
들뢰즈의 '강도' • 88

031 이질적인 것에서 가치를 찾아보자
바타유의 '성스러운 것' • 90

032 시점을 분산해 보자
나나이의 '분산된 집중력' • 93

033 자신의 사정은 제쳐 두자
롤스의 '무지의 베일' • 95

034 '모든 것은 하나의 가능성에 지나지 않는다'라고 인식해 보자
암스트롱의 '가능 세계' • 97

035 '정리하지 않는 편이 좋다'라고 생각해 보자
아도르노의 '부정 변증법' • 99

036 '사고^{思考}도 절약할 수 있다'라고 생각해 보자
오컴의 '면도날' • 101

037 '무한하다'라고 인식해 보자
아낙시만드로스의 '우주론' • 103

038 고백을 '사고^{思考}'라고 인식해 보자
아우구스티누스의 '콘티넨티아' • 106

039 스스로 경계선을 긋자
윌리엄슨의 '모래 산의 역설' • 109

040 '가치관의 차이는 초월할 수 있다'라고 믿자
가다머의 '지평 융합' • 112

041 '이해는 공통'이라고 생각해 보자
갈퉁의 '초월법' • 115

042 '촉각이 중요하다'라고 생각해 보자
콩디야크의 '신중한 형이상학' • 118

043 '조종당하고 있다'라고 의심해 보자
선스타인의 '자유주의적 개입주의' • 120

044 인간은 '기술의 노예'라고 생각해 보자
스티글러의 '보철성' • 122

045 아직 완성형이 아니라고 생각해 보자
말라부의 '가소성' • 124

046 '미래는 여기에 있다'라고 생각해 보자
드 샬리트의 '초월적 공동체' • 126

047 '처음부터 체계는 없었다'라고 생각해 보자
디드로의 '철학적 정신' • 128

048 '측정을 통해 본질이 보인다'라고 생각해 보자
플로티노스의 '일자$^{-者}$' • 131

049 지나가는 길에서 의의를 찾아보자
벤야민의 '파사주론' • 134

050 악덕은 나쁜 것이 아니라고 생각해 보자
맨더빌의 '꿀벌의 우화' • 136

Part II. 철학자에게 배우는 50가지 의심

051 '얼마든지 자유로울 수 있다'라고 생각해 보자
노직의 '자유지상주의' • 140

052 '몸과 마음은 다르다'라고 생각해 보자
데카르트의 '심신이원론' • 143

053 '신은 죽었다'라고 생각해 보자
니체의 '초인사상' • 145

054 죽음은 나쁜 것이 아니라고 생각해 보자
하이데거의 '다자인 존재론' • 147

055 '만족은 좋지 않다'라고 생각해 보자
아리스토텔레스의 '중용' • 150

056 '두려움을 주는 것이 낫다'라고 생각해 보자
마키아벨리의 '군주론' • 153

057 '고독이 행복'이라고 생각해 보자
쇼펜하우어의 '고독론' • 156

058 '불면은 성장의 기회'라고 생각해 보자
힐티의 '수면 철학' • 158

059 '싫은 일은 최대한 미루는 편이 낫다'라고 생각해 보자
페리의 '미루기 철학' • 160

060 '사회에 공통된 의지가 존재한다'라고 생각해 보자
루소의 '일반의지' • 162

061 '구글링하지 않는 편이 좋다'라고 생각해 보자
몽테뉴의 '쿠세쥬' • 165

062 '권리는 방치하는 편이 낫다'라고 생각해 보자
홉스의 '리바이어던' • 168

063 자신이 '신의 일부'라고 생각해 보자
스피노자의 '범신론' • 170

064 현명해지는 데는 '한계가 없다'라고 생각해 보자
헤겔의 '절대지絕對知' • 173

065 '죽음이 절망보다 낫다'라고 생각해 보자
키르케고르의 '절망의 본질' • 176

066 '시간은 흐르지 않는다'라고 생각해 보자
베르그송의 '순수 지속' • 179

067 '다른 사람이 자신을 결정한다'라고 생각해 보자
레비나스의 '타자론' • 181

068 '지식은 도구'라고 생각해 보자
듀이의 '프래그머티즘' • 184

069 '미개 문명이 오히려 뛰어나다'라고 생각해 보자
레비스트로스의 '야생의 사고' • 186

070 '답을 유보하는 편이 낫다'라고 생각해 보자
키츠의 '부정적 수용 능력' • 188

071 '인터넷이 세상을 편협하게 만든다'라고 생각해 보자
선스타인의 '인포메이션 코쿤' • 190

072 '돈 따위는 모으지 않는 편이 낫다'라고 생각해 보자
지멜의 '돈의 철학' • 192

073 'SNS에 이용당하고 있다'라고 생각해 보자
한병철의 '정보의 지배' • 194

074 '욕망은 누군가를 흉내 내는 것에 불과하다'라고 생각해 보자
지라르의 '욕망의 삼각형' • 197

075 '희망은 단념하는 것'이라고 생각해 보자
미키 기요시의 '희망' • 199

076 메타버스가 '현실 세계'라고 생각해 보자
차머스의 'Reality+' • 202

077 인간을 '기계'라고 생각해 보자
트웨인의 '인간기계론' • 204

078 기록보다 '기억이 중요하다'라고 생각해 보자
비코의 '토피카' • 206

079 '젊음은 격렬함으로 손에 넣을 수 있다'라고 생각해 보자
가르시아의 '격렬한 삶' • 208

080 '무작정 정부를 따르는 것은 위험하다'라고 생각해 보자
웨스트의 '행동철학' • 211

081 '성스러움을 추구하는 것이 당연하다'라고 생각해 보자
엘리아데의 '호모 렐리기오수스' • 214

082 '누구든 거대한 악을 범할 수 있다'라고 생각해 보자
아렌트의 '악의 평범함' • 217

083 '열등감은 좋은 것'이라고 생각해 보자
아들러의 '과제의 분리' • 220

084 '복수는 나쁜 것이 아니다'라고 생각해 보자
허쇼비츠의 '복수론' • 223

085 '자신의 행복이 다른 사람에 대한 의무'라고 생각해 보자
알랭의 '불요불굴의 낙관주의' • 226

086 '사람은 원래 다른 사람을 이해할 수 없는 존재'라고 생각해 보자
로크의 '경험론' • 229

087 말의 의미는 '문맥에 따라 정해진다'라고 생각해 보자
비트겐슈타인의 '언어 게임' • 231

088 '정의로운 전쟁이 있다'라고 생각해 보자
왈저의 '정전론' • 233

089 '열정으로 돌파할 수 있다'라고 생각해 보자
우나무노의 '극단적인 것' • 236

090 **'종이책이 우월하다'라고 생각해 보자**
에코의 '유기적 도구' • 239

091 **'먹는 것이 곧 인생'이라고 생각해 보자**
에피쿠로스의 '쾌락주의' • 241

092 **'어리석은 사람이 사려 깊다'라고 생각해 보자**
에라스뮈스의 '우신예찬' • 244

093 **'어린아이처럼 놀면 아이디어가 샘솟는다'라고 생각해 보자**
에릭슨의 '놀이' • 246

094 **'귀족이 되면 자기 의견을 가질 수 있다'라고 생각해 보자**
오르테가의 '대중의 반역' • 248

095 **SNS의 배경에 '공포가 존재한다'라고 생각해 보자**
카네티의 '접촉 공포의 전도' • 250

096 **'현재를 살다 보면 매너리즘을 극복할 수 있다'라고 생각해 보자**
아도의 '행복론' • 253

097 **'예술은 세상을 인식하는 방법'이라고 생각해 보자**
굿맨의 '예술론' • 255

098 **'침묵은 음악'이라고 생각해 보자**
케이지의 '침묵' • 258

099 **'각각의 차별에 주목해도 해결되지 않는다'라고 생각해 보자**
콜린스의 '교차성' • 261

100 **'실력 따위는 운에 불과하다'라고 생각해 보자**
샌델의 '기여적 정의' • 264

끝으로_ 의심은 끝이 아닌 '시작' • 267

Part I

당연함을 의심하는 50가지 방법

기존과 다른 사실을 제시하라

소크라테스의 '문답법'

'철학의 아버지'라고 불리는 고대 그리스 철학자 소크라테스 Socrates(기원전 470경~기원전 399경)는 당연함을 의심함으로써 지금까지 없었던 철학 스타일을 확립했다고 해도 과언이 아니다. 그 방식이 바로 '문답법'이다. 말 그대로 상대방에게 질문을 던져 상대가 직접 답을 도출해 낼 수 있도록 유도하는 방식이다. 겉으로 보면 상대방의 주장에 끊임없이 반박하는 듯 보이므로 '논박술'이라고도 불린다.

구체적으로는 상대방이 어떤 의견을 제시하면 소크라테스는 그 의견이 가설에 불과하다며 반박하려고 한다. 이를 위해 상대방 의견의 전제가 되는 근거 자체를 뒤집어 버릴 만한 다른 사실을 제시하여 이를 인정하게 만든다. 그러면 상대방은 자신의 의견이 틀렸다는 사실을 인정할 수밖에 없게 된다. 이런 식으로 대화를 반복하다 보면 상대방이 스스로 진리에 도달하게 된다는 것이다. 다소 교활해 보일 수도 있지만, 결국은 대화이므로 이 과정에는 자신의 주장뿐 아니라 상대의 의견도 경청하게 된다. 따라서 일방적으로 의견을 강요하는 것이 아니라, 상호 간에 열린 대화를 나눌 수 있다.

이 방식을 자신의 머릿속에서 구현할 수만 있다면 항상 스스로 당연함을 의심할 수 있게 된다. 즉, 머릿속의 소크라테스에게 가설의 전제를 뒤엎을 만한 역설적인 사실을 찾게 하고, 그것을 또 다른 근거로 제시하면 되기 때문이다.

소크라테스의 문답법, 이렇게 활용해 보자

Q. '역경은 고통스럽다'는 당연한 사실을 의심해 보시오.

A. 역경은 당연히 고통스럽다. 여기서 머릿속의 소크라테스에게 전제를 뒤엎을 만한 다른 사례를 제시하게 한다. 예컨대 '역경'이란 힘든 일이 일어나는 상황을 가리키는데, 인간은 역경을 극복해야만 성장할 수 있으며, 달성의 기쁨을 얻을 수 있는 존재라는 사실을 제시해 보자. 그렇게 생각해 보면, 역경이 반드시 고통스럽기만 한 것은 아닐지도 모른다. 역경을 극복한 후에 얻을 수 있는 성장이나 기쁨으로 눈을 돌린다면 꼭 고통만 따르는 것이 아니다. 인간이 굳이 힘든 일에 도전하는 이유는 바로 이 때문일 것이다.

판단을 중지하라
후설의 '현상학적 환원'

현상학의 창시자로 꼽히는 독일 철학자 에드문트 후설Edmund Husserl(1859~1938)은 인간이 객관적인 사실이나 정보에만 의존하여 사고하려는 자세를 '자연적 태도'라고 칭하며 비판했다. 자연적 태도를 통해 머릿속에 그려지는 이미지는 어떤 의미에서는 날조된 모습이며 객관적이지도 않다.

예컨대 누구나 꽃을 본 경험이 있다. 그렇다면 자신이 언덕 위에 서서 꽃을 감상하는 모습을 상상해 보자. 지금 많은 사람이 언덕 위에 서 있는 자신을 카메라로 찍은 듯한 이미지를 머릿속에 그리고 있지 않을까? 아마도 영화에서 그런 장면을 자주 봤기 때문일 것이다. 하지만 그 모습은 실제 자신의 경험이 아니다. 진정한 자신의 경험이라면 꽃밖에 보이지 않을 것이다. 카메라로 찍은 듯한 이미지는 자기도 모르게 꾸며낸 세상이다.

그래서 후설은 우리가 가지고 있던 관점이나 선입견, 습관적 이해와 같은 기존 정보를 일단 내려놓고, 의식 속에 떠오르는 것만 믿어야 한다고 주장한다. 이처럼 기존 정보를 일단 내려놓는 행위를 '에포케(판단 중지)'라고 한다. 이렇게 생각하는 방식을 '괄호 치기'라고 표현하기도 한다. 부정하는 것이 아니라 판단을 보류하는 것이기 때문이다. 이처럼 당연함을 의심하고 진실한 경험만으로 사물을 파악하기 위해서는 반드시 마음속에서 대상의 전체상을 재구성하는 과정이 필요하다. 이 과정이 바로 '현상학적 환원'이다. 에포케를 계기로 현상학적 환원을 하고 나서야, 우리는 처음으로 사물의 본질을 파악할 수 있게 된다.

후설의 현상학적 환원, 이렇게 활용해 보자

Q. 소풍 전날의 설렘을 떠올려보고, 그 모습을 바르게 기술해 보시오.

A. 누구나 소풍 전날의 설렘을 기억하고 있을 것이다. 다만 이때 밤중에 눈이 떠져서 몇 번이고 잠에서 깨는 자신의 모습을 떠올린다면, 이는 약간의 거짓이 포함된 것이라고 할 수 있겠다. 그 모습을 에포케한 다음, 현상학적 환원을 시도해 보자. 이런 경우 판단 중지해야 할 기존 정보는 '잠에서 깬 후 다시 잠들지 못하는 자신의 모습'일 것이다. 이처럼 현상학적 환원을 통해 다시 생각해 보면 눈을 떴을 때의 이미지

는 잠에서 깬 자신의 모습이 아니라 이불 속에서 보이는 천장의 모습이다. 그리고 소풍날 일어날 법한 다양한 사건들이 방 천장에 비치고 있지 않을까? 마치 영화 예고편을 보듯이 말이다.

003

요소로 분해하라
데리다의 '탈구축'

프랑스 철학자 자크 데리다 Jacques Derrida(1930~2004)가 주장한 '탈구축deconstruction'이란 '사물을 처음부터 새롭게 만드는 것'을 의미한다. 데리다는 근대사회에서 편향된 가치관이 올바른 것으로 굳어졌다고 보았으며, 이 때문에 사회가 한계에 부딪힌다고 생각했다. 그 전형적인 사례로 남성우위사회나 유럽 중심주의, 식민지주의 등을 꼽을 수 있다. 그래서 데리다는 서양의 근대사회를 구축하는 과정에서 형성된 사람들의 태도를 처음부터 다시 구축하고자 시도하였다. 이것이 바로 '탈구축'이라는 개념이다. 구축에서 벗어남, 즉 구조물을 해체하고 재구축한다는 의미다.

구체적으로는 그 사물을 구성하는 요소를 해체하고, 필요한 것만 모아 재구축한다. 그렇게 함으로써 약점이 되는 문제를 요소에서 제외할 수 있다. 이 같은 발상은 다양한 분야에 응용되었는데,

특히 탈구축주의 건축이 유명하다. 건물이 꼭 사각형이어야 할 필요는 없다. 해체한 뒤 필요한 요소만 주워 담으면 자연스럽게 그 건물의 콘셉트에 적합한 형태를 이룬다. 이런 방식을 통해 독특한 형태의 구조물이 탄생하게 되었다.

어떤 일이든 기존의 형태나 전제에만 집착해서는 큰 변화를 일으킬 수 없다. 따라서 탈구축적 접근법을 통해 요소로 해체해 볼 필요가 있다.

데리다의 탈구축, 이렇게 활용해 보자

Q. 일하는 방식에 탈구축적 접근법을 적용해 보시오.

A. 우선 일이라는 개념에 포함된 요소를 열거해 보겠다. 예를 들면 수입이나 보람, 자아실현, 출세, 정체성, 커뮤니케이션, 사회공헌, 인간관계, 출퇴근, 잔업 등을 들 수 있다. 이 중에서 나에게 필요한 요소만을 모아 탈구축적으로 접근해 보면, 나에게 보다 적합한 업무 방식을 선택할 수 있게 된다. 만약 내가 제2의 인생을 고려한다면 출세나 출퇴근, 잔업 같은 걸림돌이 되는 요소는 제외할 것이다. 그리고 보람이나 자아실현, 나아가 사회공헌을 최대한 중시하여 프리랜서로서 공익에 이바지할 수 있는 새로운 업무 방식을 선택하고 싶다.

004

움직임으로
세상을 보라
들뢰즈의 '생성변화'

프랑스 철학자 질 들뢰즈 Gilles Deleuze(1925~1995)는 "모든 사물은 끊임없이 변화한다."라고 주장하며 세상의 모든 것을 동적인 것으로 인식했다. 언뜻 움직이지 않는 것 같아도 알고 보면 끊임없이 어떤 변화를 일으키고 있을 가능성이 있다는 말이다. 들뢰즈는 그러한 운동을 '생성변화'라고 불렀다.

생성변화는 결코 수형도(어떤 사건이 일어나는 모든 경우를 점과 선만을 이용해 나뭇가지처럼 뻗어 그린 도형)처럼 논리적으로 발전하지 않는다. 오히려 종횡무진 생겨나는 비논리적인 주장이다. 이 때문에 들뢰즈는 수형도를 '나무', 생성변화를 '리좀 rhizome'이라고 명명했다. '리좀'이란 땅속줄기의 일종인 뿌리형 구조를 의미하는 말이다. 말하자면 중심 없이 사방으로 뻗는 네트워크 상태를 일컫는다.

사실 이 나무와 리좀은 인간의 두 가지 사고법이기도 하다.

줄기 틈에서 가지가 나뉘며 변해가는 나무는 로지컬 씽킹의 전형이다. 철저한 기본 원칙을 세우고, 그 원칙을 기준으로 하되 몇 가지 패턴이나 예외도 염두에 둔다. 이에 반해 리좀은 중심은 물론 시작도 끝도 없는 네트워크형 사고법이다. 각 부분이 자유롭게 연결되고, 결과적으로는 전체를 구성하는 인터넷 같은 이미지다. 여기에 새로운 개체가 접속하면 전체 성질이 달라진다. 이 때문에 '생성변화'라고 부른다. 이 생성변화에는 무한한 잠재력이 숨어 있다. 이처럼 사물을 동적으로 인지할 수 있다면, 세상의 가능성은 더욱 넓어질 것임이 틀림없다.

들뢰즈의 생성변화, 이렇게 활용해 보자

Q. 언뜻 움직이지 않는 듯 보이는 것을 생성변화의 과정이라고 인식해 보시오.

A. 모든 일이 생성변화 과정이라고 한다면, 눈앞에서 일어나는 사건은 이른바 그 동적 흐름에서 일부분을 잘라낸 상태에 불과하다고 볼 수 있다. 예를 들면 눈앞에 있는 컴퓨터도 언뜻 보면 아무런 변화가 없는 듯하지만, 사실은 조금씩 계속해서 업그레이드되고 있다. 어떤 사물이건 시간이 지남에 따라 성질이 변한다. 이를 개념적으로 보면 '소통'의 의미가 시대와 함께 새롭게 정의되고 있는 것과 비슷하다.

005

세상을 거꾸로 보라
칸트의 '코페르니쿠스적 전회'

우리는 일상에서 사물을 어떻게 인식하고 있을까? 근대 독일의 철학자 임마누엘 칸트 Immanuel Kant(1724~1804)는 "우리는 우선 감성을 통해 대상을 인식하지만, 그때 그 모습 그대로를 인식하지는 않는다."라고 말한다. 이렇게 말하는 이유는 우리가 사물을 인식할 때 시각이나 청각과 같은 오감을 활용하는데, 인간의 오감에는 한계가 있기 때문이다. 즉, 우리는 그 한계의 범위 내에서만 사물을 인식하고 있다는 말이다. 놀라운 점은 우리가 사물을 인식하는 것이 아니라, 그 반대로 사물이 우리에게 맞춰 존재한다는 점이다. 이는 지동설을 주창한 코페르니쿠스에게 빗대어 '코페르니쿠스적 전환'이라고 불린다.

그러고 보면 우리가 눈앞의 고양이를 '야옹' 하고 우는 사족보행의 꼬리가 긴 작은 동물이라고 생각하는 이유는 그렇게 인식할 수밖에 없기 때문이다. 만약 고양이가 특수한 초음파를 뿜어내거나, 보이지 않는 날개 같은 것을 가졌다고 해도 우리에게는 아무것도 들리지도, 보이지도 않을 것이다.

코페르니쿠스적 견해를 의식하면 사물을 반대로 인식할 수 있게 된다. 인간 관점에서 사물을 인식하는 것이 아니라, 바라보고 있는 대상의 관점에서 인식하는 것이다. 이는 구체적으로 오감을 초월한 능력으로 대상을 상상하는 행동을 의미한다. 실제로는 인간으로서 인식할 수 없는 부분이 있는 것은 아닌지 상상해 본다는 말이다.

칸트의 코페르니쿠스적 전회, 이렇게 활용해 보자

Q. 오감을 초월한 페트병의 실제 모습을 상상해 보시오.

A. 우리는 일반적으로 페트병을 손으로 잡을 수 있는 크기의 투명한 플라스틱 용기라고 인식한다. 아마 냄새도 없고 소리도 나지 않을 것이다. 하지만 이것이 우리가 가진 오감의 한계다. 사실 페트병의 색깔은 투명하지 않고 빨간색이나 초록색일지도 모르지만, 그건 아무도 알 수 없다. 인간의 시각에는 한계가 있기 때문이다. 또한, 후각이 보통의 1만 배 정도로 발달했다면 기절할 만큼의 화학물질 냄새를 풍기고 있는 것은 아닐까? 이런 식으로 생각해 보면 어떠한 특징도 없는 물병조차 다른 물건으로 인식할 수 있다. 그 결과, 색이나 모양, 또는 활용 방법에 이르기까지 새로운 가능성이 펼쳐지게 될 것이다.

상대에 맞춰 변화하라
세르의 '에트흐'

프랑스 사상가 미셸 세르Michel Serres(1930~2019)는 인간이 사물을 생각한다는 당연한 사실을 매우 의외의 방법으로 인지했다. 보통은 사물에 대해 생각한다고 하면 우리는 확고한 자아가 있고, 그 자아가 사물을 외부에서 조망하는 듯한 이미지를 가지기 일쑤다. 그러나 세르는 우리가 사물에 대해 생각할 때 생각하는 대상 그 자체가 되어보라고 제안한다. 예컨대 컵에 대해 생각할 때 우리가 그 컵이 되어보는 것이다. 이상하다고 생각할지 모르겠지만, 반대로 아무것도 생각할 대상이 없는 상황을 떠올려보면 이해할 수 있지 않을까?

생각할 만한 대상이 없을 때 우리는 아무것도 생각할 수 없다. 생각한다는 것은 항상 '무언가를 상대로' 일어나는 행위다. 그러니 우리는 생각할 만한 대상을 먼저 인식한 뒤 우리 자신의 존재를 인식한다. 그러니 우리는 대상에 따라 매번 변화하고 있다고 볼 수 있다.

세르는 그런 인간을 프랑스어의 동사인 '에트흐^{être}'(영어의 be 동사에 해당함)에 비유한다. 에트흐는 주어에 따라 형태를 바꾼다. 이렇게 에트흐적으로 사고하면 확실히 우리가 생각하는 것 이상으로 대상에 녹아들어 몰입할 수 있다.

이 발상이 흥미로운 이유는 생각하는 대상이 인간이라면 우리가 상대에 맞춰 변화할 수 있다는 점이다. 이를 의식하기 시작한다면 인간관계는 더 좋아질 수 있을 것이다.

세르의 에트흐, 이렇게 활용해 보자

Q. 싫어하는 사람과 잘 지내는 방법을 생각해 보시오.

A. 싫어하는 사람이란 자신의 성격과 맞지 않는 사람이라고 생각한다. 그렇다면 그런 사람과 잘 지내기란 상당히 힘든 일이다. 성격을 바꾸기는 무척 어렵기 때문이다. 물론 상대를 변화시키는 것도 불가능하다. 다만, 성격까지 바꾸지는 못해도 자신의 태도는 바꿀 수 있다. 세르가 말한 에트흐를 의식해서 상대방의 행동에 따라 그때그때 나의 행동이나 감정에 변화를 주자. 마치 그릇에 담긴 물처럼 자신의 감정과 행동을 유연하게 변화시키는 것이다. 아마도 그러면 관계가 조금은 좋아질지도 모른다.

007

쓸모없는 것을 중시하라

세르의 '노이즈'

쓸모없는 것이란 무엇인가? 쓸모없는 것의 전형적인 예시 중 하나가 프랑스 사상가 미셸 세르^{Michel Serres}(1930~2019)의 '노이즈'라는 개념이다. 보편적으로 노이즈는 쓸모없다고 여기지만, 세르는 모든 소리에 노이즈가 섞여 있듯이 노이즈는 본래 우리를 규정하는 중요한 요소라고 말한다. 예컨대 자신에 대한 평가도 사실은 선생님이나 상사뿐만 아니라, 다양한 사람의 목소리가 모인 것이다. 어찌 보면 노이즈는 이 세상의 배경이라고도 할 수 있을 정도다. 단지 우리가 평소에 이를 깨닫지 못할 뿐이다. 그 이유는 가장 눈에 띄는 단일한 사물만을 기준으로 세상을 인식하기 때문이다.

세르는 오히려 '있는 그대로의 많은 것'에 눈을 돌리자고 주장한다. 바로 노이즈를 포함한, 있는 그대로의 세상 말이다. 있는 그대로의 것에는 무수히 많은 정보나 형태가 포함된다. 여기서 세르가 '있는 그대로'라는 표현을 사용한 점이 중요하다. 사실은 노이즈는 사라져야 할 어떤 방해물이 아닌, 당연히 있어야 할 자리에 있는 것이라는 의미다. 그런데도 우리는 부자연스럽게 자연 상태에서 일부만을 축출하여, 심지어 그 일부가 중심이라고 여긴다. 그래서 잘못 인식하고 실패하는 경우가 많다.

더욱이 여기서 말하는 노이즈는 어디까지나 비유다. 사실 중요한 부분임에도 평소 의식하지 못했던 사물이나 장소, 한마디로 사물의 단편을 지칭한다. 구석이나 여백, 부속품, 부작용, 조연 같은 것들이다. 이러한 사물의 부분에 주목하기만 해도 새로운 면이 보이기 시작할 것이다. 평소 우리가 단일한 기준 아래 얼마나 많은 사물을 놓치고 있었던 것일까? 반드시 '쓸모없는 것'을 중시해 보자.

세르의 노이즈, 이렇게 활용해 보자

Q. 자신을 둘러싼 일상의 노이즈에 귀를 기울여 보자.

A. 예컨대 우리는 세상의 정세를 알기 위해 뉴스를 시청한다. 그런데 잘 생각해 보면, 뉴스는 세르가 말하는 단편적인 것에 불과한지도 모른다. 어느 한 언론사가 꺼내든 편협한 목소리에 지나지 않는다는 말이다. 그 전형적인 사례가 전쟁에 관련된 뉴스다. 실제로는 더욱 다양한 시각과 다양한 목소리가 존재하는데도 이러한 사실을 전혀 인식하지

못한다. 폭발음과 기자의 목소리에 지워진 노이즈. 그 노이즈야말로 진실을 전하고 있는데도 말이다. 정작 중요한 것은 그 노이즈 안에 파묻혀 있을지도 모른다. 현지에서 다양한 사람의 이야기를 듣고, 그들의 다양한 목소리에 귀를 기울이면 비로소 진실이 눈에 보이기 시작할 것이다.

800

욕망의 더 깊은 곳을 꿰뚫어 보라
라캉의 '대상 a'

인간에게는 욕망이 존재하기 마련이다. 하지만 그 욕망이 정말로 원하던 것일까? 프랑스의 철학자 자크 라캉Jacques Lacan(1901~1981)은 '깊은 곳에 숨겨진 욕망'의 정체를 주목했다. 라캉은 원래 프로이트의 정신분석을 접목하여 독자적인 이론을 구축한 정신분석학자이다. 라캉은 "인간은 욕망을 가질 수밖에 없는 존재"라고 말한다. 게다가 인간은 언어를 통해 사물을 사고하는 생명체이며, 따라서 언어로 형성된 세계의 바깥에 존재하는 것은 의식하지 못한다고 주장했다. 차를 갖고 싶거나 옷을 사고 싶을 때, '차'나 '옷'이라는 말의 바깥쪽은 의식하지 않는다는 말이다.

그리고 라캉은 그 바깥에 존재하는 것이야말로 욕망의 정체라고 말한다. 이른바 진실한 욕망이다. 이를 라캉의 표현으로 '대상 a'라고 하며, 끝없는 욕망의 대상이라고도 할 수 있다. 라캉은 우리가

'대상 a' 때문에 때로는 원인불명의 정신적 질병을 앓을 수도 있다고 분석했다. 충족되지 않는 욕망은 사람을 괴롭게 만들기 때문이다.

그러니 괴로울 때는 먼저 대상 a를 특정해야 한다. 이처럼 라캉은 정신 질환 환자와 대화할 때 치료의 목적으로 대상 a를 특정해 나갔다. 그 과정에서 이야기의 내용을 자신의 경험이나 억측과 연관 짓지 말고, 오히려 모른다는 사실을 자각하고 항상 다양한 경험에 마음을 여는 '무지'의 태도를 견지해야 한다. 이러한 태도는 스스로 자신을 분석할 때도 도움이 된다. 선입견을 버리고, 진실로 자신이 무엇을 원하는지, 더 깊은 곳에 존재하는 욕망이 무엇인지 꿰뚫어 볼 수 있어야 한다.

라캉의 대상 a, 이렇게 활용해 보자

Q. 물욕의 근저에는 무엇이 있는지 검증해 보시오.

A. 인간에게는 물욕이 있다. 하지만 진정으로 원하는 것이 과연 하나의 물건일까? 그 실상을 가만히 들여다보면 그 물건이 있는 일상을 원한다거나, 그 물건을 통해 누군가와 소통하기를 바라는 본심이 숨겨져 있는 건 아닐까? 예컨대 장난감을 원하는 아이가 알고 보면 부모님과 노는 시간을 바라는 것처럼 말이다. 그렇게 생각해 보면 물욕이란 반드시 물질적인 것만을 원하는 욕망이 아닌지도 모르겠다.

'세상이 전혀 다르게 변한다'라고 가정해 보자
메이야수의 '사변적 실재론'

현대 프랑스의 철학자 퀭탱 메이야수Quentin Maillassoux(1967~)는 '사변적 실재론'이라는 최신 철학의 기수로 평가받는다. '사변적 실재론'이란 모든 것을 인간관계 측면에서 논하려 하는 전통적 철학의 사고방식을 부정하는 사상이다. 기존 철학은 모두 인간을 기준으로 사물을 인지하고자 노력해 왔다.

이에 반해 메이야수는 인간으로서 사고할 수 없는 부분이 있음을 지적한다. 즉, 우리의 상식을 뛰어넘는 미지의 세계가 있다는 것이다. 예를 들어 세상이 완전한 우연 때문에 전혀 다른 세상으로 바뀌게 될 가능성도 있는 것처럼 말이다. 그런 의미에서 메이야수는 '우연성은 필연'이라고 주장하며, 한 치 앞의 세상조차 예측 불가능할 정도로 완벽한 무질서 상태인 '하이퍼카오스'가 될 가능성을 주장한다. 과연 우리는 하이퍼카오스가 될 가능성을 이해하고,

하이퍼카오스와 접촉할 수 있을까? 메이야수는 이를 위해 수학을 활용해야 한다고 주장한다. 수학은 인간의 주관적인 세계를 넘은 보편적인 것이기 때문이다. 컴퓨터가 수학만으로 미래를 예측하는 것처럼 말이다.

그렇다고 해도 수학 역시 인간이 만들어 낸 것이므로 정말로 보편성이 있는지 의심스럽다는 주장도 있을 것이다. 다만, 세상이 급속하게 변할지도 모른다는 가정 자체는 우리가 지금까지 가져왔던 세상에 대한 당연함을 의심하는 행동이며, 대담한 세계상을 시뮬레이션하는 데 도움이 될 것으로 보인다.

메이야수의 사변적 실재론, 이렇게 활용해 보자

Q. 내일 전혀 다른 세상으로 변한다면, 어떻게 준비해야 할지 생각해 보시오.

A. 평소 우리는 경험을 기반으로 살아간다. 그 연장선에서 내일도 세상은 변함없고, 똑같은 일상이 지속되리라 믿으며 하루하루를 보낸다. 그러니 당연히 자연재해나 전쟁, 또는 팬데믹이 일어나면 패닉에 빠지게 된다. 그때 우리는 어떤 상황이 일어날지 모른다는 전제하에 수학을 활용하여 모든 시뮬레이션을 돌려 보고, 발생할 수 있는 의외의 상황을 예측만 할 수 있다.. 그러면서도 그 가정을 넘어서는 일이 일어

날 수 있으므로, 결국 최악의 상황이 생길 수도 있다는 각오를 다지는 수밖에 없다고 생각한다. 정신론(우주의 본질 자체를 정신적인 것으로 보며, 물질적인 현상도 결국 정신적인 것의 발현이라는 이론)처럼 들릴지도 모르겠지만, 적어도 그 방법이 우리가 기대하던 상황을 벗어날 때 냉정하게 대처하는 데 도움을 줄 것이다.

010

인간을 제외하고 생각해 보자
하먼의 'OOO'

최근 인간이 아닌 사물을 주제로 삼는 철학이 계속해서 주창되고 있다. 예컨대 미국 철학자 그레이엄 하먼Graham Harman(1968~)이 주장한 프로젝트 지향 존재론, 통칭 '객체지향 존재론' 혹은 '트리플 O(OOO, Object Oriented Ontology)'가 있다. 이때 오브젝트는 대상, 즉 사물을 칭한다. 사물과 사물 간의 관계성을 통해 세상을 바라본다는 의미다. 사물은 인간과 관계없이 존재하고 있으며, 사물끼리 관계성을 구축하고 있다는 점이 OOO의 기본적인 사고방식이다. 과연 사물만으로 이루어진 세상은 무엇일까?

하먼은 원칙적으로 사물끼리는 상호 무관계한 상태라고 말한다. 그러나 한번 어떤 긴장 관계에 직면하게 되면 사물 간에도 어떤 의미가 생겨난다. 긴장 관계라고 해도 대립만을 의미하지는 않으며, 어떤 관점에서 보면 사물 간의 관계성이 생긴다는 정도의 의미다.

그렇다고 해도 '사물끼리 대화한다'와 같은 비현실적인 이야기는 아니다. 어디까지나 사물 간의 객관적인 관계성을 생각해 볼 수 있다는 정도의 이야기다. 예컨대 어떤 공간에 두 가지 사물이 존재한다면 어느 쪽이 큰지, 어느 쪽이 어느 쪽에 부딪히는지와 같은 관계성이 자연스럽게 생겨난다. 자연계에서 일어나는 일은 바로 그러한 일이라고 생각한다. 이는 지금까지 인간을 중심으로 하는 사물과 사물의 관계성과는 달리, 사물 간에 일정한 조건이 갖추어졌을 때 의미를 지닌다는 점에서, 완전히 새로운 발상이라고 할 수 있다.

하먼의 OOO, 이렇게 활용해 보자

Q. 만약 OOO의 관점에서 부엌을 다시 본다면 어떻게 묘사할 수 있을까?

A. 보통은 사물끼리 관계가 없으므로, 심야의 부엌처럼 식기도, 수납장도, 쓰레기통도 모두 조용히 눈치를 보는 듯한 느낌일 것이다. 그러나 일단 사물 간의 공간적 관계에 주목해 보면 어떨까? 예를 들어 식기와 수납장의 관계는 어떨까? 건조된 식기는 결국 수납장으로 들어간다는 관계가 존재하며, 수납장의 관점에서 보면 식기를 받아들인다는 관계가 존재한다. 여기서 중요한 점은 인간이 넣는 것이 아니라, 객관적으로 식기는 수납장에 들어가야 한다는 인식이다. 순수하게 사물 간의 관계성을 생각하면 사물의 새로운 용도를 발견하게 될지도 모른다.

'모두 다른 세계에 살고 있다'라고 생각하자

윅스퀼의 '환세계'

세계는 과연 하나뿐일까? 생물학자이기도 한 철학자 야콥 폰 윅스퀼 Jakob Johann Baron von Uexküll (1864~1944)은 인간을 포함한 다양한 생물이 언뜻 보면 같은 세계에 사는 것처럼 보이지만, 사실은 각자 다른 세계에 살고 있다고 주장했다. 생물에 따라 인지 능력에 차이가 있는 만큼 보이는 세계나 인지할 수 있는 세계가 다르기 때문이다. 예컨대 똑같은 눈이라도 파리의 시각은 인간보다 해상도가 낮으므로 우리와 다른 세계를 본다고 할 수 있다. 거미줄을 발견하지 못하고 걸리고 마는 것도 이런 이유 때문이다. 또 참진드기는 시각이 없지만, 뷰티르산 냄새로 세계를 파악한다.

인간의 지각 능력은 대부분 비슷할지 모르지만, 거기에는 개인적 경험이 영향을 미치므로 인간 역시 다른 세계를 보고 있다고 말할 수 있다. 같은 풍경을 봐도 다른 감정을 느끼는 이유가 바로 이 때문이다. 즉, 윅스퀼은 우리가 사는 세상은 결코 객관적이지 않고, 어디까지나 주관적이라고 말하며 이를 '환세계'라고 명명했다. 특히 환세계는 지각을 통해 수동적으로 인식하는 세계뿐만 아니라, 우리가 그 세계에 능동적으로 관여하여 만들어 낼 수 있는 세계가 함께 구성되어 있다고 말한다. 이처럼 세계는 한 사람 한 사람이 맞춤형으로 만들어 낼 수 있는 것이기도 하다.

윅스퀼의 환세계, 이렇게 활용해 보자

Q. 나만의 환세계를 묘사해 보시오.

A. 나의 환세계를 묘사해 보겠다. 우선 색깔로 말하자면 나는 검은색을 좋아하기 때문에, 항상 검은색이 눈에 잘 들어온다. 또 업무 중에도 자주 말장난을 하곤 하는 만큼, 언어유희처럼 같은 발음을 가진 표현을 다른 의미로 인식하는 경우가 많다. 그리고 자연의 변화를 좋아해서 사계절을 모두 강렬하게 느끼며 계절 변화에 민감하다. 같은 장소에서 같은 일상을 보낸다고 해도 나와 같은 세상을 보고 있는 사람은 그렇게 많지 않을 것이다. 이것이 바로 환세계다.

012

'알고 있는 사실을 모른다'라고 생각해 보자

소크라테스의 '무지無知의 지知'

고대 그리스의 철학자 소크라테스는 철학자가 되기 전에 어떤 사실을 깨달았다. 바로 소피스트라고 불리는 현자들이 어떤 일이든 아는 척은 하지만, 실제로는 아무것도 모른다는 사실이다. 그는 바로 이러한 상황에서 아무것도 모른다는 것을 자각하는 것만으로 오히려 자신이 우월한 것이 아닐까, 생각했다. 이렇게 생각한 이유는 아는 척을 하는 순간 이미 그 이상 알 수 있는 기회를 놓치기 때문이다.

한편, 모른다는 사실을 겸허하게 인정하고 한발 더 나아가 알고자 노력한다면, 지식이 증가할 뿐만 아니라 현명해질 기회가 생기는 셈이다. 이를 통해 진리와 가까워질 수도 있다. 이것이 바로 '무지無知의 지知'라는 개념이 의미하는 바다. 따라서 소크라테스는 끊임없이 지혜를 탐구해야 한다고 주장했다. 그리고 이러한 행위를 '지혜sophia를 사랑philo한다'는 의미의 필로소피아philosophia, 즉 '철학'이라고 부르기 시작했다. 철학은 무지의 지를 깨닫는 것부터 시작한다고 해도 과언이 아니다. 이처럼 알고 있는 것이라도 일부러 모른다고 생각하며 의심해 본다면 새로운 세계가 펼쳐질 수 있을 것이다. 다른 사람의 발언에 대해 아는 척하기를 그만두고 스스로에게도 겸허해지고, 잘 알던 것이라도 다시 찾아보거나, 다른 관점으로 생각해 보기를 추천한다.

소크라테스의 무지의 지, 이렇게 활용해 보자

Q. 누구나 알고 있어야 할 덧셈의 의미를 일부러 모른다고 가정하고 의심해 보시오.

A. 만약 내가 덧셈의 의미를 모른다면, 1+1=2의 원리를 모른다는 말이다. 어째서 1+1이 2일까? 애당초 무엇을 1이라고 할지가 문제인데, 1을 어떠한 하나의 덩어리라고 하고, 그 덩어리와 같은 크기의 물건이 하나 더 있다면, 그것이 '2개 있다'라는 상태를 가리킨다는 점은 충분히 알 수 있을 것이다. 하지만 그 덩어리의 무게가 각각 다른 경우에도 정말 1+1=2라고 할 수 있을까? 아니, 그 덩어리를 구성하는 물질이 다르다고 해도 이 원리가 성립되는 걸까? 재미있는 사실은 이러한 시각을 가지면 단순하게 사물을 더한다고 해서 양이 증가한다고 말하기 힘들어

진다는 점이다. 이런 식으로 알고 있는 사실도 일부러 의심해 보면 세상이 다르게 보일 수 있다.

013

'모든 것이 가짜'라고 의심해 보자

플라톤의 '이데아'

고대 그리스 철학자 플라톤^{Plato}(기원전 427~기원전 347)은 '이 세상의 모든 것이 가짜'라고 의심했던 인물이다. 모든 것은 '이데아'의 그림자에 지나지 않는다고 생각한 것이다.

그렇다면 이데아란 무엇일까? 원래 이데아는 사물의 모습이나 형태를 의미하는 말이었다. 그러나 형태라고 해도 우리의 눈에 보이는 형태가 아닌, 마음의 눈으로만 통찰할 수 있는 사물의 참모습, 또는 사물의 원형을 가리킨다. 시각이나 청각 등 감각을 통해 인식되는 것은 결국 사라져간다. 그러나 이데아는 영원불멸한 존재다. 그렇다면 감각을 통해서는 인식할 수 없는 사물의 참모습을 알기 위해서는 어떻게 해야 할까? 바로 육체와 분리되어, 영혼에만 의지할 수밖에 없다. 결국, 진심으로 사고해야 한다는 말이다.

플라톤은 이렇게 이데아를 통해 구성되는 영원불멸한 세계와 감각을 통해 인식할 수 있는 현실 세계를 구분했다. 전자를 '이데아계', 후자를 '현상계'라고 한다. 버티지 못하고 변하는 현상계는 영원히 변하지 않는 이데아계를 모범으로 삼아 존재하는 셈이다.

이 이데아론 때문에 플라톤의 세계관은 이상주의적이라는 평가를 받는다. 우리는 아무래도 눈앞에 있는 현실에 시선을 빼앗기기 쉽지만, 영원히 변하지 않는 사물의 본질, 진실을 알고 싶다면 이상을 좇아야만 한다. 그러기 위해서는 지금 보는 모든 것이 가짜일지도 모른다고 의심하는 것이 첫걸음이다.

플라톤의 이데아, 이렇게 활용해 보자

Q. 이 세상 모든 것이 가짜일지도 모른다고 의심해 보시오.

A. 이 세상 모든 것이 가짜라면 어딘가 다른 곳에 진실이 존재한다는 말이다. 심지어 현실에는 존재하지 않는 이상적인 세상이 있을 수도 있다. 이 사실을 토대로 모든 사물을 발전시킬 수 있는 관점을 얻을 수 있지 않을까? 우리는 지금 여기 있음에 만족하고 있지만, 앞으로 이상적인 상태로 바뀔 수도 있다. 플라톤이 이데아론을 주장한 것도 이를 통해 인간이 이상을 추구하며 살아가기를 바랐기 때문이라고 할 수 있다. 자신의 주변에 존재하는 것을 반드시 그러한 눈으로 다시 보기를 바란다.

'모든 것이 하나의 원리로 성립된다'라고 가정해 보자
라이프니츠의 '모나드'

세상은 물질적인 것과 정신적인 것으로 이루어져 있다. 그런데 이 모든 것을 구성하는 요소는 무엇일까? 독일의 철학자 빌헬름 라이프니츠Gottfried Wilhelm Leibniz(1646~1716)는 이를 '모나드'라고 불렀다. 모나드는 우리말로 '단자'라고 번역할 수 있는데, 그리스어인 '헤모나스(단일자)'에서 유래된 말이다.

그렇다면 '모나드'란 대체 어떤 존재일까? 라이프니츠는 모나드의 실체를 '넓이도 형태도 없는 단자'로, '살아 있지도 죽지도 않은 존재'라고 말한다. 또한 "모나드에는 창이 없다."라고도 말했다. 어떤 것도 드나들 수 없다는 말이다. 동시에 세상을 끊임없이 비춘다고도 말했다. 지금까지의 이야기를 통해 알 수 있는 점은 모나드는 모두 다른 단독으로 완결된 존재이면서도, 하나하나가 세상을 비추고 있다는 점이다.

더욱이 라이프니츠는 각각의 모나드가 상호작용을 통해 연결되고, 우주를 구성하고 있다고 주장했다. 게다가 이는 모나드끼리 소통하는 것이 아니라, 어디까지나 신이 조작하고 있다는 것이다. 어떤 것이든 하나가 모든 것을, 모든 것이 하나를 표현함으로써 우주의 조화가 성립한다는 의미다. 이처럼 단독으로 완결된 존재가 상호 간 영향을 주고받음으로써 세상을 구성한다는 발상이야말로 모나드의 특징이라고 할 수 있다.

이 같은 라이프니츠의 세계관은 현대의 SNS 사회와도 닮아 있는 듯하다. 모든 부분이 이어져 있으며, 그것이 세상을 구성하고 있기 때문이다. 그리고 각각의 점들은 모두 상이하지만, 하나하나가 세상을 비추는 존재다. 아니, 모나드가 SNS와 닮아있는 것이 아니라, 모나드가 보편적인 모델이기 때문에 현대의 SNS 사회를 포함한 모든 현상을 설명할 수 있는 모델이 된 것인지도 모르겠다.

라이프니츠의 모나드, 이렇게 활용해 보자

Q. 세상 속의 현상을 무언가 하나만 예로 들어 모나드를 설명해 보시오.

A. 예컨대 글로벌 사회는 다양한 나라의 사람과 인종이 뒤섞여 있으며, 그 한 사람 한 사람이 글로벌 사회를 상징한다는 점이 특징적이다. 소위 개개인이 세상을 비추고 있는 셈이다. 그러한 사람들이 각각 연결

되어 있으며, 이 세상을 구성하고 있다. 심지어 세상을 구성하는 사람들은 모두 다 물질적인 존재인 동시에 당연하게도 정신적인 존재이기도 하다. 이러한 점을 인식할 수 있다면 그야말로 모나드의 설명과 일치하지 않을까?

015

'모든 일이 편견 탓'이라고 생각해 보자
베이컨의 '아이돌'

영국 철학자 프랜시스 베이컨Francis Bacon(1561~1626)은 관찰과 실험을 중시하여 '경험론의 아버지'라고도 불린다. 관찰과 실험을 할 때는 우선 편견이나 선입견을 내려놓아야 한다. 베이컨은 이 같은 편견과 선입견을 '아이돌idol(우상)'이라고 부르며, 이를 네 가지로 분류하였다.

첫 번째는 '종족의 아이돌'이다. 이는 인간이라는 종족 고유의 아이돌로, 감정이나 감각을 통해 지성을 깨닫는다는 점에서 생겨났다. 인간은 결국 착각하는 생물이다.

두 번째는 '동굴의 아이돌'이다. 이는 마치 좁은 동굴 속에서만 생활해 제한적으로 생겨난 편향 오류를 말한다. 한 사람이 받은 교육, 영향을 받은 인물, 읽어온 책 등으로 인해 편견에 빠진다.

세 번째는 '시장의 아이돌'이다. 이는 언어로 인해 생겨나는 착각이다. 사람은 말의 힘에 약하다. 마치 시장에서 전해 들은 소문을 그대로 믿는 것은 물론이고, 현대는 인터넷상에 떠돌아다니는 SNS 정보 등을 믿는 것이 전형적인 사례라고 볼 수 있겠다.

네 번째는 '종족의 아이돌'이다. 이는 권위나 전통을 맹종함으로써 생겨나는 착각이다. 예를 들어 그 당시에는 연극에 강한 영향을 받았던 것처럼 말이다. 현대라면 영화나 드라마에 해당할 것이다.

자신의 생각은 모두 어떤 아이돌을 통해 생겨난 것이라고 인식함으로써 비로소 자신 안에 존재하는 편견을 깨달을 수 있다. 반드시 네 가지 아이돌로 시험해 보기 바란다.

베이컨의 아이돌, 이렇게 활용해 보자

Q. 자신의 가족관은 어떤 아이돌로부터 영향받아 형성되었는지 생각해 보시오.

A. 이 같은 질문을 받으면 자신의 가족관에도 아이돌이 숨어 있다는 점을 깨닫게 된다. 내가 자라난 가정에서 받은 영향은 동굴의 아이돌인 것 같다. 우리 집은 끊임없이 다툼이 일어난다는 인상이 강하게 남아 있다. 나에게 '가족'이라는 존재도 늘 갈등이 일어나는 관계라는 생각이 강하다.

또한, 현대의 시장 아이돌에 해당하는 인터넷상에도 가족에 관한 정

보가 넘친다. 그 때문에 최근에는 '부모 뽑기(원문: 親ガチャ, 어떤 부모인가는 뽑기처럼 운에 달렸다는 의미로, 일본에서 <2021년 유행어 대상> 후보에 오를 정도로 유행함. 부모 뽑기의 성공과 실패에 따라 유복한 인생과 그저 그런 인생으로 나뉜다는 격차 사회 풍자에 사용되며, 국내의 수저계급론과 유사함)'라는 신조어가 생겨날 만큼 가족으로 인해 인생이 좌우된다는 측면을 실감하고 있는 듯하다. 더욱이 극장의 아이돌로 인해 가족의 모습을 그려낸 드라마나 만화 등에 영향을 받았을 가능성도 크다고 할 수 있다. 하지만 이러한 편견에 과도하게 휘둘리지 말고, 가족의 본질을 제대로 인지해야 할 것이다.

모든 것은 '단순한 지각'일 뿐이라고 생각해 보자

흄의 '지각知覺의 다발'

데이비드 흄David Hume(1711~1776)은 영국 경험론의 흐름을 엮어낸 철학자인 만큼 인간의 경험을 중시한다. 흄은 우선 '지각知覺'에 주목했다. "우리가 지각한 것을 바탕으로 자신을 인지한다."라고 말했다. 예컨대 '뜨겁다'라거나 '눈부시다'라거나 '아프다'라거나 하는 식으로 말이다. 따라서 인간은 무수한 지각의 다발에 지나지 않는다며 다음과 같이 표현했다.

"인간은 상상하지도 못할 빠른 속도로 성장하며, 영속적인 흐름과 운동을 만들어 내는 여러 가지 '지각의 다발' 내지는 '집합'에 지나지 않는다."

결국, 우리는 '자신'이라는 실체가 존재한다고 확신하지만, 그런 것은 없다는 말이다. 흄은 "나라는 실체는 '마음속 극장'에 지나지 않는다."라고 주장한다. 무언가가 연달아 등장하는 무대가 있을 뿐이라는 것이다. 심지어 우리는 일상에서 확고하고 솔직한 자신이 존재하며, 이런 자신을 다양한 태도로 꾸밀 뿐이라고 생각하기 쉽다. 하지만 그렇게 꾸며낸 자신도 그 당시의 진실한 자신이라고 말한다.

자신에게 실체가 없다는 과격한 발상이지만, 최근에는 뇌과학을 통해 그 사실이 증명되고 있다. 실제로는 의식이라는 컨트롤 센터는 존재하지 않으며, 뇌 속에서는 의식적, 또는 무의식적으로 여러 가지 활동이 동시에 일어나고 있다고 한다. 무엇인가를 보는 나, 무엇인가를 만지는 나, 그런 지각의 집합체이다.

흄의 지각의 다발, 이렇게 활용해 보자

Q. '솔직한 나 자신'은 어떤 모습인지 생각해 보시오.

A. 우리는 보통 솔직한 나 자신이라고 하면 학교나 회사에서 돌아와, 집에서 혼자가 되었을 때 어깨에 힘을 뺀 모습을 상상하게 된다. 즉, 누군가를 신경 쓴다거나, 억지로 꾸며낼 필요가 없는 모습이다. 하지만 흄은 이 또한 지각의 다발이며, 이는 자신이 일부러 형성한 모습 중 하나에 지나지 않는다고 말한다. 결국, 어떤 때건 지각에 좌우되는 우리에게는 솔직한 자기 모습이라고 할 만한 것은 없다는 말이다.

머리가 아닌 몸으로 생각해 보자
메를로 퐁티의 '신체론'

프랑스의 철학자 모리스 메를로 퐁티$^{Maurice\ Merleau\ Ponty}$(1908~1961)는 신체가 나를 존재하게 만들지만, 내가 아닌 양면성을 지닌다고 주장한다. 그것이 바로 신체의 '양의성兩義性'이다.

'양의성'이란 서로 다른 두 종류가 혼재되어 있다는 의미다. 여기서는 일단 주체와 객체가 혼재된 상태라고 생각해 보자. 또는 나와 외부 세상이 혼재되었다고 상상해 봐도 좋다. 사실 그런 것은 이 세상에 거의 존재하지 않는다. 우리 근처만 둘러봐도 책상과 컴퓨터는 온전히 따로 존재한다. 이 세상에서 오직 신체만이 이 같은 특수성을 지닌다. 예컨대 우리가 몸을 만지면 그때 '만지는 주체인 손'과 '만져지는 대상인 몸'이라는 두 가지 측면이 존재한다. 이 두 가지가 하나의 신체 안에 혼재되어 있다는 말이나 마찬가지다.

그렇게 생각하면 우리가 신체를 움직일 때 반드시 의식적으로 행동하지 않고, 의식한 것과 다르게 사물을 느끼거나 움직일 가능성도 있다는 말이다. 실제로 머리보다 몸이 먼저 반응한다고 느낄 때도 있는데, 이는 실제로 그런 것이라고 볼 수 있다. 이때 메를로 퐁티는 세상이 보낸 메시지를 신체가 먼저 수신하며, 그 메시지를 우리 의식으로 전달해 주는 것이라고 말한다. 결국, 머리가 아닌 신체가 사고한다는 말이다. 실제로 현대의 생명과학에서는 장기나 세포가 사고한다는 가설이 나오기도 한다. 이제는 우리도 신체와 머리의 불균형을 개선해야 할 때가 도래한 것인지도 모르겠다.

메를로 퐁티의 신체론, 이렇게 활용해 보자

Q. 어떻게 하면 고민을 머리가 아닌 신체로 해결할 수 있을까?

A. 일반적으로 고민거리는 머리로 생각한다고 여긴다. 하지만 해결하기란 좀처럼 쉽지 않다. 그때 몸으로 사고한다면 어떻게 될까? 의식적으로 몸을 움직이면, 머리로 생각하게 되기 때문에 온전히 이 고민거리는 몸에 맡겨야 한다. 그렇다면 신체를 평소와 다른 환경에 두는 편이 좋지 않을까? 그리고 몸이 느끼는 바를 솔직하게 받아들여야 한다. 예컨대 숲이나 바다를 찾거나 온천 같은 곳에 가면 마음이 차분해지고 고민거리도 어느 정도 해소되는 것은 실제로 신체가 사고하여 고민을 해결해 주기 때문일지도 모른다.

018

'말이 세상을 만든다'라고 생각해 보자

소쉬르의 '시뉴'

말訁은 재미있다. 같은 소리라도 다른 뜻을 나타내는 말이 있지 않은가. 동음이의어처럼 말이다. 예컨대 '배'라는 단어는 과일, 탈 것, 신체 부위 등을 가리키는 여러 가지 의미가 있고, '장'이라는 단어도 시장과 신체의 내부 기관, 직책을 가리키는 여러 가지 의미가 있다. 이처럼 말에는 음과 뜻이라는 두 가지 요소가 존재한다. 그러니 '배'라는 소리만 들어서는 그 의미가 무엇인지 확정 짓기 어렵다. 말의 음과 뜻 사이의 관계성을 찾는 데 참고할 만한 것이 스위스의 언어학자 페르디낭 드 소쉬르 Ferdinand de Saussure(1857~1913)의 '시뉴' 사상이다.

소쉬르는 언어를 하나의 '기호 signe(시뉴)'라고 인지하고, 이를 '기호 표현 signifiant(시니피앙)'과 '기호 내용 signifie(시니피에)'으로 나누어 분석했다. 시니피앙은 말의 음을 의미하며, 시니피에는 그 음이 가리키는 내용을 의미한다. 예를 들어 앞에서 언급했던 '배'라는 시니피앙은 '탈 것'이나 '과일' 같은 시니피에가 대응한다. 이런 식으로 언어는 시니피앙을 통해 음의 영역이 확정되고, 시니피에를 통해 내용이 확정된다. 결국, 소쉬르는 언어기호의 존재로 인해 비로소 사물의 개념이 명확해진다고 주장했다. 바꿔 말하자면 원래 세상이 있는 것이 아니라, 세상이 언어를 통해 만들어졌다는 의미다.

소쉬르의 시뮤, 이렇게 활용해 보자

Q. 현실 세상을 시각적 이미지나 실체가 아닌, 언어 중심으로 재인식해 보시오.

A. 현실 세계도 언어를 통해 인식해 볼 수 있다. 예컨대 다른 사람이 "이곳은 남쪽 나라다."라고 말하면 꼭 남쪽 섬에 위치하지 않더라도 마치 그곳이 휴양지처럼 느껴져 설렐 수도 있다. 또는 어떤 물건을 '명품'이라고 부르면 무엇을 기준으로 정했는지는 모르지만, 다른 물건과는 어딘가 다른 기분이 드는 것은 참 신기한 일이다. 즉, 우리가 사는 세상은 현실과는 달리, 언어를 통해 형태가 만들어지는 측면도 존재한다는 것이다.

전체 구조로 눈을 돌려라
레비스트로스의 '구조주의'

프랑스의 문화 인류학자 클로드 레비스트로스^{Claude Levi-Strauss}(1908~2009)는 브라질에서 연구를 진행하고 있었는데, 그 과정에서 '구조주의'를 확립하게 되었다. '구조'란 요소와 요소 간의 관계로 이루어진 전체를 가리킨다. 간단히 말해 '구조주의'란 사물의 전체 구조로 눈을 돌림으로써 본질을 찾고자 하는 사상이다. "숲은 보지 않고, 나무만 본다."라는 말처럼 본질을 꿰뚫기 위해서는 전체로 눈을 돌려야 한다.

레비스트로스가 구조에 주목하여 자주 제시했던 사례가 '교차 사촌혼'이라는 풍습이다. 교차 사촌은 부모와 성별이 다른, 어머니의 남자 형제나 아버지의 여자 형제가 낳은 자식을 말한다. 원시 부족 사회에서는 이 교차 사촌들이 결혼하는 풍습이 흔한데, 이를 교차 사촌혼이라고 한다.

이 교차 사촌혼은 미개 사회를 상징하는 비문명적인 풍습으로 인식되지만, 레비스트로스는 체계의 전체 구조를 인지하다 무언가를 발견하게 된다. 같은 사촌이라도 남자 쪽에서 보면 어머니 쪽의 남자 형제의 딸은 자신과 다른 가족 집단에 속하고 있다는 사실이다. 결국, 이 관계에 있는 남녀가 결혼한다면 서로 다른 공동체 사이에 교환이 이루어져 교류가 넓어지고, 이는 결과적으로 부족의 존속에 도움이 된다. 일부 현상만을 따로 떼어 봤을 때 미개하다는 평가를 받아왔던 풍습이 전체 구조적 측면에서 살펴보았더니 의외로 고도의 시스템을 형성하고 있었다는 점이 밝혀진 것이다. 평소 우리는 사물의 단면만 보고 오해할 수 있으니 평소 전체를 보는 습관을 길러야 한다.

레비스트로스의 구조주의, 이렇게 활용해 보자

Q. 빈곤한 가정에는 어떤 방식으로 도움을 주면 좋을지 생각해 보시오.

A. 부분에만 주목해 보면 돈이 부족하니 바로 금전적 지원을 하는 것이 좋겠다고 생각하기 쉽다. 그러나 전체 구조를 살펴보면 애당초 빈곤은 일시적으로 돈이 없는 상태가 아니다. 본인이 일할 수 없는 환경에 있거나, 사회의 고용 상황에 문제가 있는 경우가 대부분이다. 본인의 배경이나 사회적 배경을 파헤치지 않으면 근본적으로 해결할 수 없다.

자발적 일이 누군가의 강요로 인한 것은 아니었는지 생각해 보자

푸코의 '판옵티콘'

'판옵티콘Panopticon'은 공리주의 사상가 제러미 벤담Jeremy Bentham이 고안한 감옥 시설이다. '일망―望 감시 시설'이라고 번역되기도 한다. 이를 권력의 본질을 파헤치는 데 활용한 사람이 바로 프랑스 철학자 미셸 푸코Michel Foucault(1926~1984)다.

판옵티콘 시스템은 단순하다. 중앙에 감시탑이 있고, 그 주변을 독방이 원형으로 둘러싸고 있다. 단, 이곳에는 어떤 한 가지 궁리가 더해졌다. 감시탑에 있는 간수들은 모든 개인의 움직임을 볼 수 있으나 독방에 있는 개인들은 간수가 무엇을 하는지 알 수 없다. 여기에는 감시하는 자와 감시받는 자 사이에 시선의 불균형이 존재한다. 이 불균형이 바로 '권력'을 상징한다. 한쪽이 다른 한쪽에 완전히 복종하는 구도가 형성되기 때문이다. 판옵티콘에서는 죄수가 항상 감시받을 가능성을 의식하게 되므로, 자동으로 순종적인 '종속의 주체'가 된다.

　　　　푸코는 근대 이후 이러한 원리가 학교나 공장, 업장, 병원, 군대 등 사회의 다양한 제도로 확산하였으며, 감옥과 비슷한 효과를 발휘하고 있다고 주장한다. 이제 이 원리는 사회 질서 형성과 유지 측면에서 무시할 수 없는 역할을 맡고 있다. 이처럼 우리가 그동안 무언가를 자발적으로 하고 있다고 생각했던 것이, 알고 보면 자신도 모르는 사이에 강요받는 상황으로 내몰리고 있었는지도 모르겠다.

푸코의 판옵티콘, 이렇게 활용해 보자

Q. 자발적인 일이 권력에 의해 강제되었던 것은 아닌지 확인해 보시오.

A. 예컨대 많은 사람이 자신이 원해서 결혼했다고 생각한다. 하지만 상대방을 사랑한다고 해서 반드시 결혼해야 하는 건 아니다. 애당초 옛날에는 요즘 같은 결혼제도가 없었다. 그러나 권력 체계가 정비되면서 사회 질서 유지 및 안정적 세수 확보를 위해 결혼제도를 정립한 것이다. 이는 결국 국가를 위한 일이다. 세간에서는 결혼 생활이 행복한 듯 이야기하면서 물심양면으로 결혼을 장려하지만, 이렇게 하는 이유는 결국 권력을 가진 쪽에 유리하기 때문이다. 이처럼 알고 보면 일상적인 결혼조차 권력 때문에 하게 되는 측면이 있다는 점을 인식해 볼 수 있다.

021

'본다=있다'라고 인식해 보자
가브리엘의 '신실재론'

세계적인 주목을 받는 독일의 기예 철학자 마르쿠스 가브리엘Markus Gabriel(1980~)은 '신실재론新実在論'이라 불리는 사상을 주창한다. 가브리엘은 『왜 세계는 존재하지 않는가』라는 흥미로운 제목의 저서에서 신실재론을 알기 쉽게 소개한 것으로 유명해졌다.

'신실재론'을 간단하게 설명하자면 우리의 '인식=존재'라고 여기는 견해다. 예컨대 우리는 보통 사물이 존재한다고 하면 우리에게 보이든지, 반대로 보이지 않더라도 실제 어딘가에 존재하고 있든지 둘 중 하나라고 생각한다. 하지만 가브리엘처럼 '인식=존재'라고 인식한다면, 보이는 것이 그대로 존재하는 것이 되고 만다.

이는 단순히 눈앞에 보이는 것과는 다르다. 100명이 같은 산을 보고 있다면 100명의 인식=존재가 되므로 각기 다른 산이 100개 존재한다는 의미가 된다. 이러한 발상이 신실재론의 흥미로운 점이다.

이는 개개인이 가지는 '의미장意味場, semantic field'에서 사물의 의미가 생겨나기 때문이다. '의미장'이란 개개인이 사물을 인식하고 해석하는 능력을 말한다. 따라서 사람 수만큼 '본다=있다'가 되는 것이다. 게다가 우리가 '이 세계에서'라고 할 때 '세계'라는 말은 일반적으로 모든 사물의 대전제, 즉 모든 사물을 담을 수 있는 그릇 같은 이미지로 사용된다. 그러므로 세계가 존재한다고 생각하면, 이론상 그 이상의 전제인 '의미장'에서는 상정할 수 없게 된다. 따라서 신실재론에 따르면 세계는 존재하지 않는다.

가브리엘의 신실재론, 이렇게 활용해 보자

Q. 신실재론을 통해 교실에 있는 전원이 같은 칠판을 보고 있는 상황을 인식한다면 어떻게 될까?

A. 인식=존재, 즉 '본다=있다'라고 인식하는 신실재론 관점에서는 예컨대 한 반에 30명의 학생이 있다면 30가지 칠판을 보고 있다는 말이 된다. 그리고 각각의 칠판의 존재 의의까지도 달라진다. 대부분 학생에게는 칠판이 내용을 쉽게 파악하기 위한 도구이겠지만, 일부 학생에게는 잠을 유도하는 원수처럼 보일지도 모른다. 또 시력을 염려하는

사람에게는 녹색 칠판이 눈을 쉬게 해 줄 수도 있다. 그중에는 오랫동안 변하지 않는 칠판을 혁신의 대상으로 여기는 학생도 있을 것이다. 이처럼 30명의 학생에게는 '제각기 다른 칠판'이 존재한다.

022

'불가능은 없다'라고 생각해 보자

헤겔의 '변증법'

어떤 사물이건 문제가 생긴다. 그때 우리는 일단 문제를 떨쳐 버리려 하기 쉽다. 그 방법이 가장 편하기 때문이다. 그러나 문제를 제거하기만 한다면 더 이상 발전하기는 어렵다. 근대 독일의 철학자인 게오르크 빌헬름 프리드리히 헤겔Georg Wilhelm Friedrich Hegel(1770~1831)의 '변증법'은 문제가 생겼을 때 오히려 문제를 수용하고 발전시키려는 논리다.

구체적으로는 '정正→반反→합合' 또는 독일어로 '테제these→안티테제antithese→진테제synthese'라고 표현한다. 즉, 어떤 사물(테제)에 대해 모순되는 일, 또는 문제(안티테제)가 존재한다면, 이 부분을 발전시켜 모순과 문제를 극복하고 더 완벽하게 발전된 해결법(진테제)을 탄생시킨다.

이 일련의 과정을 '지양' 또는 독일어로 '아우프헤벤aufheben'

이라고 말한다.

어떤 문제이건 변증법을 사용하면 해결할 수 있으며, 이른바 이 세상에 불가능이란 것이 없어진다. 실제로는 어려울 것 같지만, 그렇지 않다. 변증법을 활용할 때 중요한 점은 정반대의 발상을 해 보는 것이다. '이러이러한 문제가 있으니 오히려 좋다'라는 식으로 말이다. 부정을 긍정으로 전환하여 생각하면 이해하기 쉬울 것이다. 꼭 혁신을 일으키기 위한 사상법으로 활용해 보기를 바란다.

헤겔의 변증법, 이렇게 활용해 보자

Q. 비주류 서비스로 돈을 버는 방법을 고안해 보시오.

A. 이 경우에는 이미 많이 알려진 서비스가 '정'이고, 알려지지 않은 서비스가 '반'이 된다. 이럴 때는 알려지지 않은 서비스를 빨리 접한다거나, 어떻게든 유명하게 만드는 방법을 생각하기 쉽다. 하지만 그런 방법은 결국 문제를 빨리 떨쳐 버리려는 태도다. 널리 알리려는 방법은 언뜻 보기에는 좋은 해결책처럼 보이지만, 그것만이 옳은 해결책이라고 할 수는 없다. 거기서 변증법적 반전 발상을 활용하여 비주류이기 때문에 더욱 희소가치가 있다고 생각해 보자. 이른바 '틈새시장'을 노리는 것이다. 이런 식으로 단가를 올리는 방법 등을 활용해 수익을 창출할 수 있다. 이것이야말로 '합'에 해당하며, 발전성 있는 방법이라고 할 수 있겠다.

023

'근저에 무엇인가 큰 원리가 있다'라고 생각해 보자

마르크스의 '하부구조'

독일의 경제학자이자 철학자인 카를 마르크스Karl Heinrich Marx(1818~1883)는 과학적 사회주의의 아버지로 알려져 있다. 그 근저에는 경제활동의 발전을 통해 역사가 진전된다는 유물론적 역사관, 또는 '사적 유물론Historical Materialism'으로 불리는 마르크스의 독자적인 역사관이 존재한다.

마르크스는 인간의 사상과 법, 정치 제도 등을 '상부구조super structure', 생산수단 및 생산활동 등의 경제활동을 '하부구조infra structure'라고 부르며 구별하였고, 상부구조는 하부구조를 통해 결정된다고 주장했다. 우리는 일반적으로 사상과 정치 같은 제도가 있고 난 후 비로소 어떤 경제활동을 할지 결정된다고 생각하기 쉬운데, 마르크스는 정반대의 주장을 펼쳤다. 오히려 경제활동을 토대로 모든 사회제도의 내용이 결정된다는 것이다.

그는 생산성이 향상되면 제도가 이를 쫓아오지 못하므로, 그 모순을 원동력으로 삼아 역사가 다음 단계로 전진한다고 주장했다. 마르크스는 구체적으로 원시 공산제原始共産制(기본적 생산수단인 토지에 대한 사회적 소유의 원시적 체제), 노예제, 봉건제, 자본주의, 사회주의, 공산주의로 발전해 나갈 것으로 분석했다. 따라서 마르크스는 자본주의가 혁명으로 인해 무너지고, 생산력에 응답하는 사회로 이행해 갈 수밖에 없다고 주장했다. 그런 사회가 바로 능력에 맞게 일하고 노동에 맞게 분배하는 사회주의였다.

이처럼 세상을 움직이는 근저에 무언가 커다란 원리가 존재한다고 생각해 보면, 더 넓은 시야로 세상을 인식하게 될지도 모른다.

마르크스의 하부구조, 이렇게 활용해 보자

Q. 자신이 속해 있는 조직을 움직이는 커다란 원리는 무엇인지 생각해 보시오.

A. 이는 엄밀히 말하자면 마르크스가 말했던 상부구조와 하부구조에 해당하는 이야기는 아니지만, 이 사고법을 응용할 수 있으리라 생각한다. 내가 속한 조직, 예컨대 회사라고 해 보자. 이 회사의 성장 배경에는 무엇이 존재할까? 이때 회사의 성장은 상부구조라고 할 수 있다. 그리고 자세히 분석해 보면 그 배경에는 창업 이후 지속하여 온 도전

정신이 존재한다. 그렇다면 그 도전 정신이야말로 하부구조에 해당할 것이다. 사풍이나 기업문화 같은 것들이 알고 보면 하부구조에 속하는지도 모르겠다.

'사물보다 차이가 먼저 존재했다'라고 인식해 보자
데리다의 '차연'

프랑스의 철학자 자크 데리다Jacques Derrida(1930~2004)는 '차이'에 주목한 철학자. 데리다가 만든 개념 중 하나가 '차연différance(데리다가 사용한 신조어로 '차이'와 '연기'를 함께 이르는 말)'이다. 다른 점, 차이를 의미하는 프랑스어 différence와 같은 발음에도 불구하고, 겉모습, 즉 철자가 다르다는 점이 포인트다.

데리다는 모든 사물은 다른 사물과의 차이가 존재함으로써 성립한다고 말했다. 이 말은 사물의 존재보다 '차이'가 앞서 존재한다는 의미다. 예를 들어 사과와 배를 구별하기 위해서는 애초에 이 두 가지가 다르다는 사실을 인정해야 한다. 이것이 '차연'의 본질이다. 그런 의미에서 차연이란 차이를 만들어 내는 원동력 같은 것이라고 보면 좋겠다.

이 세상에 존재하는 모든 사물은 항상 주변의 사물과 차별성이 있기에 하나의 의미를 지닌다. 따라서 이러한 차이를 만들어 내는 개념인 차연이야말로 사물의 근원이라고 볼 수 있다.

이러한 생각에 기초하면 지금 우리가 판단하는 사물의 우열도 결코 절대적이지 않으며, 오히려 근원으로 돌아가면 역전될 가능성도 존재한다. 차이는 단순한 다름이므로 우열 관계는 존재하지 않으며, 우연히 우열이 정해졌을 뿐이기 때문이다. 데리다는 차연이라는 개념을 통해 서양철학이 당연하다고 여겨왔던 전제를 뒤집고자 하였다.

데리다의 차연, 이렇게 활용해 보자

Q. 우리 사회는 왜 남성 우월사회가 대세가 되었는지 차연의 관점에서 검증해 보시오.

A. 왜 남성 우월사회가 되었는지를 생각해 보면 애당초 남성과 여성을 구별했기 때문이다. 그 결과 생물학적으로 완력이 더 센 남성이 사회를 지배하게 되었다. 여기서 차연의 개념을 빌려보자. 처음 남녀를 구별하기 전으로 되돌아가면 다른 인간과의 차이는 존재하지 않았다. 물론 개체 간 차이는 존재했겠지만, 적어도 남녀로 구별할 필요는 없어진다. 다시 말하자면 '남녀'라는 개념이 만들어지기 전의 사회를 상상해 보자는 말이다. 그러면 남성 우위도 여성 우위도 아닌 평등한 사회라 해도 아무 문제가 없다고 여기게 될 것이다.

'모든 일은 정해져 있다'라고 생각해 보자
홉스의 '자유의지론'

영국의 철학자 토머스 홉스^{Thomas Hobbes}(1588~1679)는 사회를 『구약성서』에 등장하는 바다의 괴수 '리바이어던^{Leviathan}'을 빗댄 것으로 유명하다. 한편으로는 현대까지 통용되는 '자유의지론'의 선구자적 인물이기도 하다.

자유의지론에서는 필연성과 자유의지가 양립할 수 있는가를 논의한다. 이른바 모든 것을 결정하는 것이 운명인지, 아니면 인간에게 자유의지가 있는지를 논하는 것이다.

홉스는 원래 '이 세상은 필연성이 지배하고 있다'라고 주장한다. 하지만 그렇다고 해서 자유가 없는 것은 아니라고도 말한다. '자유'란 '외적인 장애가 없는 상태'이기 때문이다. 즉, 외부에서 방해하지 않는다는 말이다.

외적인 장애가 없다면 스스로 결정하여 무언가를 할 수 있는 때는 항상 자유로운 상태가 된다. 예컨대 지금 내가 어딘가에서 갑자기 노래를 부르고 싶어져 실제로 노래를 불렀다고 해 보자. 이는 운명으로 정해져 있었던 일일 수도 있지만 나는 전혀 알 수 없다. 지금 스스로 결정하여 노래를 불렀고, 그때 아무런 방해도 없었기 때문이다. 그러니 그런 의미에서 필연성과 자유의지는 양립한다고 주장하는 것이다. 이런 식으로 모든 것이 정해져 있기는 하지만, 그 안에서 우리는 자유의지를 행사하며 살아가고 있다고 생각하면 인생을 바라보는 시각이 달라지지 않을까?

게다가 홉스의 건강법도 노래 부르기였다고 한다. 홉스도 그런 생각으로 노래를 부르고 있었던 것인지도 모르겠다.

홉스의 자유의지론, 이렇게 활용해 보자

Q. 이 세상의 모든 일이 이미 정해져 있다고 생각하면, 인생관이 어떻게 바뀔까?

A. 모든 일이 이미 정해져 있다는 이야기를 들으면 처음에는 기분이 나쁠 것이다. 하지만 그렇게 생각하면 정작 나쁜 일이 벌어져도 딱히 어떤 방도가 없기 때문에 연연하지 않고 앞으로 나아갈 길을 찾게 된다. 무리하여 저항하기보다, 내가 할 수 있는 일을 해야겠다는 생각이 드

는 것이 오히려 속이 편하다. 인식의 방법에 따라 이 세상은 모두 정해져 있다고 생각하는 편이 오히려 기죽지 않고 자유롭게 살아갈 수 있는지도 모르겠다. 그래야 언제건, 노래를 부를 수 있을 테니까.

026

모든 일이 '우연'이라고 생각해 보자
쿠키 슈죠의 '우연성'

일본의 철학자 쿠키 슈죠九鬼周造(1888~1941)는 '우연성'의 의미에 대해 생각했다. 쿠키는 '우연'이란 반드시 일어난다고 확정할 수 없는 일이며, 어쩌면 존재하지 않는지도 모른다고 말한다. 그러니 우연이란 단순히 사건이 발생하는 횟수를 다루는 것에 불과한 확률론과는 전혀 다르다.

쿠키는 우연성을 논리적 우연, 경험적 우연, 형이상학적 우연의 세 가지로 분류한다. 알기 쉽게 설명해 보면 '논리적 우연'이란 법칙에 반하는 예외적 상황을 가리킨다. '경험적 우연'은 원칙대로라면 만날 일이 없는 두 가지 사물이 조우하는 상황이다. 마지막 '형이상학적 우연'이란 존재하지 않을지도 모르는 것이 우연히 존재하는 상황을 일컫는다. 그저 우연에 불과할 수도 있지만, 그 일이 무수한 가능성 가운데 생겨난 것은 사실이다. 그렇기에 쿠키는 지금 수중에 있는 그 우연성에 운명애運命愛가 생겨난다고 말한다. 이 우연은 운명이니 '사랑하자'라는 말이다.

실제로 이러한 사고방식은 쿠키 자신의 인생과 깊은 관련이 있다. 쿠키의 어머니는 쿠키를 임신했을 때 남편에게서 도망을 쳤고, 이로 인해 쿠키에게는 두 명의 아버지가 생겼다. 쿠키는 우연히 주어진 복잡한 부자 관계로 인해 끊임없이 고민했던 듯하다. 그러나 결국은 그런 운명을 받아들이기로 했다. 자신의 존재를 긍정하기 위해서였다. 그런 의미로 '우연성'은 모든 사람에게 지금 자신의 존재를 긍정하게 만드는 논리인지도 모르겠다.

쿠키 슈죠의 우연성, 이렇게 활용해 보자

Q. 지금 이미 자신의 수중에 있는 것을 우연한 존재라고 재인식해 보시오.

A. 평소 우리는 주변에 있는 것이나 자기가 가진 것을 우연히 얻게 되었다고 생각하지 않는다. 예컨대 내 가방은 내가 샀으니, 여기에 있다고 생각할 것이다. 하지만 잘 생각해 보면 많은 가방 중에서 왜 그 가방이 내 품으로 오게 된 것일까? 이는 우연이라고밖에 설명할 수 없다. 어떤가? 갑자기 그 가방이 사랑스럽게 여겨지지 않는가? 이것이 바로 '운명애'이다.

모든 것은 '지식의 유행'이라고 생각해 보자

푸코의 '에피스테메'

지식의 유행은 어떤 변화를 따를까? 프랑스 철학자 미셸 푸코Michel Foucault(1926~1984)는 이 문제를 고고학처럼 접근한 결과 '에피스테메episteme'라는 개념을 제시했다.

'에피스테메'는 그리스어로 '지식'을 가리킨다. 푸코는 이를 특정 시대나 특정 사회에 나타나는 지식의 기본 방향을 일컫는 말로 사용했다. 즉, 개별 지식이 아닌 시대별로 모든 학문에 공통으로 적용되는 지식의 토대 같은 의미다. 확실히 대상이 동일한 연구라도 시대에 따라 그 시점이 완전히 달라진다. 각각의 학문은 그런 지식의 토대에 영향을 받아 형성된다. 푸코는 구체적으로 네 가지 시대의 에피스테메를 구분한다.

바로 16세기 르네상스 시대의 에피스테메와 17~18세기 고전

주의 시대의 에피스테메, 19세기 근대 인본주의 시대의 에피스테메, 향후 등장할 에피스테메다. 어쩌면 네 번째 에피스테메는 인터넷이나 AI로 상징되는 기술에 영향을 받은 지식을 가리킬지도 모르겠다.

이처럼 지식의 토대가 되는 에피스테메가 변화하면 그에 따라 새로운 에피스테메로 규정되는 학문이 축적된다. 그 학문이 지배적인 위치를 점하게 되면, 지식의 유행이 변했다고 판단할 수 있다.

푸코의 에피스테메, 이렇게 활용해 보자

Q. 지금 어떤 학문을 하나의 예로 들어 에피스테메의 시점에서 재검토해 보시오.

A. 예컨대 지금 우리는 학교에서 역사를 배운다. 역사는 과거에 일어난 사건을 연표 위에 늘어놓은 기록이다. 그리고 그 토대가 되는 역사학에서는 주로 과거의 문헌 등을 통해 사실을 확인하는 활동을 한다. 그러나 향후 데이터를 통한 추측이 더욱더 정밀화되면, 역사학도 실제로 일어난 사건을 검증하는 차원에서 벗어나 데이터를 통해 추측하는 학문이 될지도 모른다. '만약 그런 사건이 일어났다면 어떻게 대처하는 것이 좋았을까'라고 추측하는 시뮬레이션 위주의 학문 말이다. 만약 타임머신이 발명되면 역사학은 실제 현장으로 현장 조사를 나가는 학문으로 변모할 수도 있을 것이다.

028

'내가 세상을 바꿀 수 있다'라고 생각해 보자

사르트르의 '실존주의'

프랑스의 철학자 장 폴 사르트르Jean Paul Sartre(1905~1980)는 "인간은 결코 예정된 본질에 지배당하는 존재가 아니라, 스스로 개척해 나가는 실존적 존재"라고 말했다. 사르트르는 이를 "실존은 본질보다 앞선다."라고 표현했다. '실존'은 현재진행형의 자기 존재를 일컫는 것이고, '본질'은 예정된 운명 같은 것으로 생각하면 되겠다.

사르트르는 이를 종이를 자르는 칼에 빗대어 설명했다. 종이를 자르는 칼은 정해진 용도가 한정되어 있다. 이른바 정해진 운명이 있는 것과 같다. 이에 비해 인간은 '실존이 본질을 앞서는' 존재다. 즉, 인간은 아무것도 아닌 존재이지만, 점차 그 역할이 변화한다. 심지어 그 역할은 스스로 만들어 갈 수도 있다. 그래서 인간은 운명을 변화시킬 수 있는 것이다.

물론 이 세상에는 변하지 않는 일도 있다. 하지만 적어도 변하고자 도전할 수는 있다. 눈앞에 가로막힌 벽이 존재한다고 해도, 그 벽에 부딪히고 넘어서고자 노력할 수 있지 않은가. 그 결과 아무 것도 변하지 않을 것이라고는 누구도 확신할 수 없다. 사르트르는 그런 적극적인 태도를 '앙가주망engagement(참여, 협의로는 학자나 예술가가 사회에 참여하는 것, 광의는 인간이 사회, 정치 문제에 관계하고 참여하면서, 자유롭게 자기의 실존을 성취하는 일)'이라고 불렀다. 실존적인 존재인 인간은 앙가주망을 통해 세상을 바꾸게 될 것이다.

사르트르의 실존주의, 이렇게 활용해 보자

Q. 전쟁이 끝나지 않는 이 세상을 변화시킬 수는 없을까?

A. 분명 전쟁은 언제가 되건 사라지지는 않을 것이다. 하나의 전쟁이 끝나면 다시 지구상 어딘가에서 새로운 전쟁이 시작된다. 그런데 나약한 인간이 이런 세상을 바꾸겠다니 말도 안 된다고 생각할지 모르겠다. 하지만 사르트르는 과감하게 반전 운동에 참여했다. 이야말로 벽을 넘으려 덤벼드는 앙가주망적 태도가 아닐까? 우리도 기죽지 말고 우리 나름대로 반전 운동에 참여한다면, 그제야 세상은 아주 조금이라도 바뀌어 갈 것이다. 전쟁은 없어지지 않을지도 모르지만, 그렇다고 끝나지 않는 전쟁도 없으니 말이다.

029

이 세상은 모두 '동일한 하나'라고 인식해 보자

장자의 '만물제동'

중국의 사상가 장자莊子(기원전 369경~기원전 286경)는 "이 세상은 모두 동일한 하나에 지나지 않는다."라고 주장했다. 이것이 바로 '만물제동万物齊同'이라고 불리는 사상이다. 아무리 이렇게 말해도 모든 사물은 각기 다르다고 생각할지도 모르겠다. 그러나 장자는 우리가 그렇게 생각하는 이유가 같은 사물의 다른 측면을 보고 있기 때문이라고 말한다.

장자는 이를 설명하고자 조삼모사朝三暮四를 예로 들었다. 나무 열매를 아침에 3개, 저녁에 4개 받는 것이나, 아침에 4개, 저녁에 3개 받는 것이나 받는 총합은 같다. 그러나 원숭이는 그 사실을 깨닫지 못해서 아침에 3개를 준다고 하면 화를 낸다는 옛이야기다. 장자는 이처럼 어리석은 일이 발생하는 이유는 '사물을 분석하기 때문'이라고 한다. 그리고 분석은 인위적이므로, 모든 '인위'를 배척하고 '무위'를 추구해야 한다고 주장했다.

장자는 노자^{老子}가 시작한 도가^{道家}를 잇는 사상가로, 노자처럼 무위자연^{無爲自然}을 주장하며, 인위적인 것을 부정했다. 장자의 사상과 노자의 사상을 합쳐 '노장사상^{老莊思想}'이라고 부르기도 한다. 그러나 장자의 사상이 훨씬 철저한 달관주의라고 볼 수 있다. 장자는 "모든 사물이 하나이며, 이는 인생에서도 동일하다."라고 말하기 때문이다.

인생은 하나밖에 없다. 즉, 선택지가 없다고 하면 운명 긍정론으로 이어진다. 모든 것이 정해져 있다는 의미가 되기 때문이다. 이를 저항하지 않고 수용하며 살아가기 때문에 '달관주의'라고 하는 것이다.

장자의 만물제동, 이렇게 활용해 보자

Q. 인생에 선택지는 없다고 생각해 보시오.

A. 우리의 인생은 선택으로 가득하다. 일상생활부터가 그렇다. 아침에 무엇을 먹을지부터 시작하여, 어떤 옷을 입을지, 어떤 순서로 일을 처리할지, 몇 시에 잘 것인지…. 매일 무수한 선택을 하고 있다. 그리고 인

생의 갈림길에서는 더욱 중요한 선택을 하게 될 것이다. 진학, 취직, 결혼 등등. 하지만 만물제동의 발상으로 생각해 보면, 사실 그런 선택지는 존재하지 않는다. 애초부터 지금 고른 길밖에 없었던 것이다. 그렇게 생각하면 인생에서 후회할 일도 더 이상 없을 것이다.

030

모든 것을 강도剛度의 기준으로 인식해 보자

들뢰즈의 '강도'

일반적으로 '강도剛度'란 단단함이나 내구성 등 사물의 강한 정도를 나타내는 말이다. 프랑스의 철학자 질 들뢰즈Gilles Deleuze(1925~1995)는 '강도'라는 말을 철학 용어로 사용했다.

예컨대 개체가 고유한 존재가 되기 위해서는 강도가 필요하다고 말한다. 들뢰즈는 이를 설명하기 위해 달걀 속 병아리를 예로 들었다. 달걀 속에는 병아리가 형성되는 과정이자 그 강도가 작용하고 있다는 것이었다. 그야말로 하나의 생명체를 '탄생하게 하는 힘'이다.

이를 인간에게 적용해 보면 한 사람 한 사람의 개성을 탄생시키는 근원이 되는 힘 같은 것이 아닐까? 인간을 측정하는 기준으로 종종 '개성'이라는 표현을 사용하는데, 실제로 개성은 그러한 힘으로 인해 생겨난 현상에 지나지 않으며, 하나의 현상인 이상 표면적인 것에 지나지 않는다. 즉, 진짜 자신을 알기 위해서는 오히려 자기 내부에 존재하는 강도에 집중해야 한다. 그것이야말로 자신과 다른 사람이 서로 다른 존재라는 사실을 긍정하는 힘이라고 할 수 있을 것이다. 결국, 들뢰즈가 주장한 '강도'란 사물의 차이를 긍정적으로 평가하기 위한 개념이라고 볼 수 있겠다.

들뢰즈의 강도, 이렇게 활용해 보자

Q. 사람의 생각을 단순히 표면적인 것이 아닌 강도로 측정해 보시오.

A. 사람의 생각을 측정할 때 열의가 있는지 아닌지에 주목하는 경우가 많다. 이 열의는 사람이 가진 의욕이나 동기를 가리킨다. 구체적으로는 말, 표정, 목소리 등 표면적인 부분으로 판단한다. 단, 여기서 한 발 더 들어가 강도를 측정하려면 열의의 근원, 이른바 열의를 탄생시키는 원초적 부분에 주목할 필요가 있다. 적어도 의욕이나 동기를 탄생시킨 배경이나 경험에 관심을 가져야 한다. 어째서 하나의 생각에 그렇게 집착하는지를 알아야 한다. 그래야 겨우 그 사람의 진실한 마음을 이해할 수 있지 않을까? '사람을 제대로 본다'는 것은 바로 이런 것이다.

031

이질적인 것에서 가치를 찾아보자
바타유의 '성스러운 것'

우리는 이질적인 것에는 좀처럼 눈을 돌리려 하지 않는다. 이질적인 것에는 우리가 아직 깨닫지 못한 가치가 있는데도 말이다. 프랑스의 사상가 조르주 바타유Georges Bataille(1897~1962)는 '성스러운 것'을 이질적인 가치 그 자체로 보았다.

바타유가 말하는 '성스러운 것'이란 사람들을 경외토록 하는 동시에, 끌어당기는 것이다. 으스스한 삽화나 '해골 사원'이라 불리는 산타마리아 델라 콘체치오네 성당의 지하처럼 말이다. 그가 말한 성스러운 것은 그로테스크한 것으로, 보편적으로 선호되지 않는 존재들이다. 이들은 일반적인 존재와 다른 데다, 공포를 느끼게 한다. 그러나 동시에 독자적인 매력을 지니기도 한다. 따라서 바타유가 말하는 '성스러운 것'이란 이러한 존재를 주체적으로 보거나 듣는 상대에게 생겨나는 감각을 일컫는다. 거기에는 선악이나 우열이 존재하지 않으며, 보편적인 것과는 다른, 그저 순수한 또 하나의 가치가 존재할 뿐이다. 이와 같은 또 하나의 가치로 눈을 돌린다면 지금까지 깨닫지 못했던 세상의 재미를 알게 될 것이니, 오히려 바람직하다고 할 수 있겠다.

그로테스크한 것을 외면할 때 우리는 무엇인가 소중한 것을 알 기회를 놓친다는 사실을 깨달아야 한다. 이 세상은 빛만으로 이루어지지 않기 때문이다. 어둠에도 진리가 존재한다. 바타유의 사상은 전체적으로 보면 그러한 세계 속에 존재하는 어둠을 양지로 끌어내는 행위라고 할 수 있다.

바타유의 성스러운 것, 이렇게 활용해 보자

Q. 지금까지 회피해 왔던 그로테스크한 것의 가치를 끌어내 보시오.

A. 예컨대 내가 가장 피해 왔던 그로테스크한 존재는 '사체'다. 곤충부터 동물, 그리고 인간에 이르기까지 모든 종을 막론하고 말이다. 일단 당연하게도 우리는 평소에 인간의 사체를 눈에 담을 기회가 없다. 이에 비해 인도에서는 갠지스강 같은 공공장소에서 사체를 화장하므로 비교적 볼 기회가 많다고 한다. 그 덕에 죽음이 가까이 있음을 느끼기 쉽다고 들었다. 즉, 사체로 인해 죽음을 의식하게 되므로, 사체에는 살아

가는 의미를 생각하게 만드는 가치가 존재한다. 알고 보면 평소에 죽음을 가까이 접할 수 있는 사체를 볼 기회가 많은 편이 좋은 것인지도 모르겠다.

032

시점을 분산해 보자

나나이의 '분산된 집중력'

헝가리 출신의 철학자 벤스 나나이^{Bence Nanay(1974~)}는 "예술을 볼 때는 특별한 주의를 기울여야 한다."라고 말한다. 작품에 주목하는 한편, 그 안에서 시점을 다양하게 분산시켜야 한다는 것이다. 예컨대 검은 배경에 파란 샤프롱을 두른 남자만 존재하는 그림을 감상한다고 해 보자. 이 그림은 〈파란 샤프롱을 쓴 남자의 초상〉(얀 반 에이크 작)이라고 하는 실제 존재하는 그림이다. 이 그림을 그냥 볼 때 우리의 시선은 파란 샤프롱으로만 향한다. 하지만 그 시선은 그저 파란색을 바라볼 뿐이지, 예술 작품 자체를 보는 것은 아니다. '예술을 접한다'는 미적 경험을 위해서는 시점을 다양한 곳으로 분산시키고 더 많은 것을 발견할 수 있어야 한다. 파란 샤프롱 자체에도 음영이 있고, 얼굴색이나 배경과의 대비도 존재한다. 또 남자의 시선이 어느 쪽을 향하고 있는지, 남자의 손가락은 어떤 모양을 나타내고 있는지 주시해 보자. 이런 방식으로 작품을 본다면 하나하나의 형태가 나타내는 의미는 더욱 넓어지게 될 것이다.

나나이가 말한 것은 이처럼 대상에 집중하는 한편, '주의를 분산'하면 세상이 다르게 보인다는 점이었다. 당연하다고 여기던 것도 주의를 분산시켜 보면, 그 당연함이 다른 모습으로 비칠 수 있다는 말이다.

나나이의 분산된 집중력, 이렇게 활용해 보자

Q. 흥미 없는 잡담에 분산된 집중력을 기울여서 어떤 것이든 참여의 가치를 발견해 보시오.

A. 지금 말하는 내용은 사실 내가 텔레비전 프로그램에서 고민 상담을 했던 내용이다. 잡담에 흥미가 없다는 여성에게 나나이의 철학을 소개한 다음, 직접 실천해 보게 했다. 예컨대 잡담 내용에 흥미가 없더라도 어딘가 자신이 흥미를 느낄 만한 부분이나 참고가 될 만한 점이 있을 것이다. 거기에 얼마나 주의를 기울이는가로 집중의 정도가 달라진다. 어떤 사물이건 여러 요소가 포함되는 만큼, 어떤 것이라도 특별한 가치를 찾아내게 될 것이다.

033

자신의 사정은 제쳐 두자

롤스의 '무지의 베일'

미국의 정치철학자 존 롤스 John Rawls(1921~2002)는 저서 『정의론』으로 널리 알려져 있다. 롤스가 말하는 '정의'는 '어떻게 하면 공정하게 분배할 수 있는가'를 묻는 것이다. 이를 통해 일반적으로는 양립할 수 없다고 여기는 자유와 평등을 양립시키고자 한다.

문제는 아무리 공정하게 분배하려 해도 사람들은 무심결에 자신의 이득만 챙기려고 한다는 점이다. 누구든 자기 자신, 그리고 자신과 관계있는 사람이 중요하니 말이다. 다만 모두가 그렇게 생각하다 보니 공정한 분배는 실현할 수 없게 된다. 그래서 사회는 아무리 시간이 흘러도 불공정한 상태로 유지된다.

이때 롤스는 '무지의 베일'이라는 사고 실험을 제안한다. 베일을 써서 자신의 정보가 차단되는 상태를 만든다. 즉, 자신의 사정은 일단 제쳐 두는 것이다. 이런 전제로 인간을 모두 평등하고 합리적으로 같은 상태로 만든다. 롤스는 이런 상태를 '원초적 입장'이라고 한다. 공정한 합의를 얻어 내기 위한 초기 상태라고 생각하면 되겠다. 무지의 베일에 둘러싸여 원초적 입장에 놓인 사람은 비로소 다른 사람과 자신이 동일하다고 인식할 수 있게 되고, '진실한 정의란 무엇인가'를 판단하는 전제가 갖춰진다. 그 결과, 보통은 자신보다 가장 불우한 사람을 돕겠다는 발상에 이르게 되므로 격차는 줄어들고, 공정성 있는 정의가 실현된다는 이치다.

롤스의 무지의 베일, 이렇게 활용해 보자

Q. 자신의 사정을 제쳐 두고, 세상을 다시 바라보시오.

A. 우리는 가장 먼저 자기 자신을 고려한다. 그리고 웬만한 일이 아니면 다른 사람의 곤경으로 눈을 돌리려 하지 않는다. 하지만 무지의 베일이라는 발상을 통해 만약 나를 예외로 둔다면 어떻게 될까? 돈이 없다던가, 시간적 여유가 없다던가, 불행하다던가 등 자신의 상황을 고려하지 않는다면 아마도 이 세상의 불공평이나 불우한 사람들에게로 눈을 돌리게 될 듯하다. 그리고 세상에 만연한 불공정함을 없애려고 행동하지 않을까 싶다.

034

'모든 것은 하나의 가능성에 지나지 않는다'라고 인식해 보자

암스트롱의 '가능 세계'

철학 분야에는 '가능 세계'라는 이론이 있다. 글자 그대로 우리가 사는 이 현실 세계를 무궁무진한 가능성이 펼쳐진 세계 중 하나라고 여기는 사고방식이다. 오스트레일리아의 철학자 데이비드 암스트롱David Malet Armstrong(1926~2014)은 그 이치를 요소의 조합을 통해 설명한다.

암스트롱은 세계를 격자 모양으로 인식한다. 개체와 성질을 각각의 축으로 삼는 격자를 떠올려보자. 여러분 눈앞에 있는 컵은 유리로 만들어졌고, 액체를 넣을 수 있다. 이는 '컵'이라고 하는 개체로 유리 재질이라거나, '액체를 넣을 수 있다'와 같은 성질과 조합된 것이다. 이처럼 모든 사물은 개체와 성질의 조합을 통해 이 세계에 존재한다. 그 집합체가 우리가 아는 현실 세계인 것이다. 그러니한 가지라도 새로운 조합이 발견되거나, 탄생하게 되면 세계는 변화하게 된다. 실제로 새로운 조합이 발견될 때마다 세계는 변화해 왔다. 즉, 세계는 항상 변화할 가능성이 존재한다는 말이다.

컵 역시 전혀 다른 소재나 우리가 알지 못하는 성질과 조합될 수도 있다. 어딘가에는 하늘을 나는 컵이 존재하는지도 모른다. 우리가 아직 이런 조합을 알지 못하는 것뿐이다.

암스트롱의 가능 세계, 이렇게 활용해 보자

Q. 인간의 능력에 대해 어떤 것이든 가능 세계를 상상해 보시오.

A. 예컨대 우리는 보통 순간이동을 할 수 있다고 생각하지 않는다. 하지만 만약 어떤 조건을 갖춘다면 순간이동이 가능할지도 모른다. 그저 그 조건이 발견되지 않았을 뿐이다. 바보 같다고 생각할지도 모르겠지만, 양자역학에서 양자 텔레포테이션 등의 발견은 그러한 가능성을 시사하고 있다. 그러니 가능 세계론은 결코 SF가 아닌 앞으로 다가올 현실을 위한 철학이라고 할 수 있겠다.

'정리하지 않는 편이 좋다'라고 생각해 보자
아도르노의 '부정 변증법'

우리 인간은 무엇이든 정리하고자 하는 습성이 있다. 그렇게 하는 편이 모든 일이 침착하게 잘 굴러가기 때문인 듯하다. 어질러져 있으면 불안하니 말이다. 하지만 독일의 철학자 테어도어 아도르노$^{\text{Theodor Wiesengrund Adorno}}$(1903~1969)는 반드시 그런 것만은 아니라고 말했다.

아도르노가 주장하는 '부정 변증법'은 말 그대로 정리하지 않기 위한 논리라고 해도 좋을 정도다. 애초에 아도르노는 인간이 이질적인 것을 무심코 하나로 정리하려는 경향, 또는 특이한 것을 보편적인 성질로 흡수하려는 경향을 '동일화 원리'라고 부르며 비판했다. 그 이유는 때로는 그러한 특성이 폭력으로 변질되기 때문이다. 그렇기에 동일화를 거부해야 한다고 주장한다.

그렇다면 구체적으로 어떻게 해야 동일화의 폭력을 피할 수 있을까? 아도르노는 '콘스텔라치온Konstellation'이라는 개념을 언급한다. 콘스텔라치온이란 성좌를 의미하는 독일어이다. '성좌처럼 전체적으로는 정리되어 있으면서도, 개별적 요소가 결코 전체에 흡수되지 않는 상태를 유지해야 한다.'라는 말이다.

이런 상태라면 언뜻 하나로 보이더라도 실제로는 각각의 요소를 유지할 수 있으므로 양쪽의 좋은 부분을 모두 취할 수 있게 된다. 동일화를 거부하는 것은 이 같은 각각의 요소, 인간으로 말하자면 개성을 억눌러 보편적인 상태로 추구하는 것을 억제한다는 말과 같다. 나치의 전체주의로 고통받아야 했던 아도르노다운 발상이라고 볼 수 있겠다.

아도르노의 부정 변증법, 이렇게 활용해 보자

Q. 회사 안에서 조직에 동화되지 않은 채 활약하는 방법을 생각해 보시오.

A. 조직에 속해있는 이상은 어떻게든 하나로 뭉칠 수밖에 없겠지만, 뭉치는 것과 조직에 동화되는 것은 다른 이야기다. 조직은 어떻게든 동일화되기를 바란다. 그런 와중에서도 동화되지 않기 위해서는 자신의 개성을 갈고 닦으며, 스스로 방어하려 애써야 한다. 개개인이 다른 직원과 쉽게 교체할 수 있는 직원이 아닌, 유일무이한 존재가 될 수 있다면 조직 입장에서도 이상적일 것이다.

036

'사고思考도 절약할 수 있다'라고 생각해 보자

오컴의 '면도날'

'사고의 절약'이란 대체 어떤 의미일까? 우리는 사실 일상에서 종종 쓸데없는 생각을 하곤 한다. 이 사실을 지적한 것이 중세 철학자인 윌리엄 오컴 William of Ockham(1285~1347)이다. 이러한 사상을 '사고 절약의 원리', 또는 '오컴의 면도날'이라고 부른다.

어떤 상황을 설명하는 근거나 원인을 탐구할 때, 그 일이 반드시 요구하는 것 이상의 것을 설명하기 위한 근거나 원인을 내세워서는 안 된다는 내용이다. 간단하게 말하자면 무언가를 설명할 때 필요 이상으로 많은 것을 가정하지 말라는 말이다. 쓸데없는 생각을 하게 되기 때문이다. 당시 오컴은 기독교 신앙을 명확하게 이론화하고자 했다. 이 때문에 애매한 표현은 오히려 사족이라고 생각했다. 따라서 불명확한 표현이나 불완전한 논리가 생겨날 만한 근거나 원인을 제거해야 한다고 주장한 것이다. 이는 마치 불필요한 부분을 면도날로 도려내자는 말과 유사했기에 '오컴의 면도날'이라고 불리게 되었다.

우리는 정확함을 기하려다 무심코 쓸데없는 가정을 짜 맞추기도 한다. "이외에도, ~의 경우에는" 이런 식으로 말이다. 불필요하게 사례를 나눈 탓에 이야기가 복잡해지고, 결국은 중요한 일이 명확하게 전달되지 않는다. 본말전도本末転倒 된다는 말이다.

즉, 사고의 절약은 단순한 편의를 위한 것이 아니라, 본질을 관통하는 데 필요한 행위다.

오컴의 면도날, 이렇게 활용해 보자

Q. 일상에서 사고를 낭비하는 부분이 있는지 생각해 보시오.

A. 평소 쓸데없는 사고로 낭비가 있는지 없는지는 그다지 신경 써 본 적이 없는 것 같다. 특히 무언가를 전달할 때는 결국 상대방을 신경 쓰게 되므로 미리 경우의 수를 생각해 보기 쉽다. 아직 아무 이야기도 하지 않았는데 '혹시 싫어하면'이라던가 '혹시 다른 것을 좋아하면'처럼 하지 않아도 될 시뮬레이션을 해 보는 일이 많은 듯하다. 그보다는 직접 결론만 전한다면 더 좋을 것이다. 나중에 다시 보충하면 되니 말이다.

037

'무한하다'라고 인식해 보자

아낙시만드로스의 '우주론'

우주 산업 시대가 되었다곤 하지만, 우리 일반인들은 그렇게 쉽게 우주로 갈 수 없는 만큼 가까이 와닿지 않는다.

그렇다면 우리는 요원하게만 느껴지는 이 광대한 우주를 어떻게 인식해야 할까? 고대 그리스의 철학자 아낙시만드로스^{Anaximandros}(기원전 610~기원전 546)의 사상을 참고하면 좋을 듯하다.

고대 그리스의 철학자들은 일찍부터 우주에 대해 고찰해 왔다. 그 시대에는 누구도 우주에 가본 적이 없었기 때문에 먼저 '우주라는 존재를 어떻게 인식할 것인가' 하는 근본적인 부분에서 논의가 시작되었다.

아낙시만드로스는 우주에 대해 논의하던 철학자 중 한 명으로 '만물의 근원은 무엇인가'를 생각하기 시작했다. 그리고 그 근원은 '무한'이라고 여겼다. 모든 것이 무한에서 생겨났다고 생각한 것이다. '무한'이라는 개념은 모든 한계를 부정함으로써 비로소 성립된다. 실제로는 이 '무한'이라는 개념을 통해 만물을 전체라고 인식할 수 있게 되었다. 우주는 너무 광대하여 별의 수조차 셀 수 없다. 애당초 별이라는 것도 무한히 많은 것을 표현할 때 사용하는 비유다. "하늘의 별처럼 셀 수 없이 많다."라고 말하듯 말이다. 오히려 별은 하나씩 셀 수 있는 것이 아니라고 부정함으로써 전체를 상상할 수 있게 된 것이다. 우주란 '무한한 세계'라고 말이다.

게다가 아낙시만드로스는 그런 생각을 토대로 실제 천체 관측을 했고, 고도의 '우주론'을 전개해 나갔다. 수학적 비율을 통해 우주의 구조까지 해명하고자 노력했다. 이렇게 할 수 있었던 이유는 무한이라는 개념을 통해 우주를 전체라고 인식하는 데 성공했기 때문이다.

아낙시만드로스의 우주론, 이렇게 활용해 보자

Q. 주변의 셀 수 없는 것을 무한하다고 인식해 보시오.

A. 예컨대 내가 할 수 있는 일은 어떨까? 흔히 내가 할 수 있는 일에는 한계가 있다고 생각하지만, 큰일뿐만 아니라 작은 일까지 포함하면 셀 수 없을 정도로 많을 것이다. 청소한 적 없는 장소를 청소한다거나, 새로운 근력 운동을 시도해 본다거나, 접해 보지 못한 장르의 책을 읽어

본다거나, 먹어본 적 없는 음식을 먹는다거나 하는 등등…. 이처럼 끝없이 많다. 반대로 말하자면 내가 할 수 있는 일이 무한하다는 말이다. 그렇게 생각하면 인생이 무료하지 않고 급격하게 재미있어지지 않을까?

038

고백을 '사고思考'라고 인식해 보자
아우구스티누스의 '콘티넨티아'

고백을 '사고'라고 인식해 보자고 하면 의외라고 생각할지도 모르겠다. 그러나 고대 로마 시대의 철학자 아우구스티누스Aurelius Augustinus(354~430)는 『고백록Confessiones』이라는 이름의 저서를 서술하였으며, 이를 통해 고백을 훌륭하게 사고로 발전시켰다.

아우구스티누스는 책에서 자신의 정직한 마음을 고백하고, 고백이라는 행위 자체가 가지는 의미에 대해서도 논한다. 저서에서 말하는 '고백'은 과거 자신이 저지른 잘못에 대한 참회만을 일컫는 것이 아니다. 오히려 자신이 과거에 어떤 인간이었고, 현재는 어떤 인간인지를 있는 그대로 밝힌다. 이러한 과정을 통해 자신의 마음을 정리하는 행동이라고 하는 편이 옳을 것이다.

아우구스티누스는 "마음은 결코 고정되는 것이 아니며, 집중과 분산 사이를 오가는 불안정한 존재"라고 말한다. 심지어 마음을 안정시키기 위해 '고백'이라는 형태로 정리한다. 고백의 목적이 바로 이것이다. 이때 중요한 것은 아우구스티누스가 '콘티넨티아(절제)'라고 부르는 마음의 조정기능을 활용하여 마음의 중심으로 돌아가는 것이다. 단순히 반성만 하는 것이 아니라, 어쩔 수 없는 일이라며 자기 자신을 옹호하는 것도 중요하다. 이러한 과정을 통해 겨우 마음의 균형을 잡을 수 있게 되기 때문이다.

재미있는 점은 고백할 때 반드시 상대방이 필요한 것은 아니라는 점이다. 고해성사로 생각해 반드시 기독교일 필요도 없다. 그렇기에 고백은 '사고'가 될 수 있다. 우선 자기 마음의 중심으로 돌아가, 자신의 과거와 현재 상태를 있는 그대로 고백해 보기를 추천한다.

아우구스티누스의 콘티넨티아, 이렇게 활용해 보자

Q. 인생을 돌아보며 고백해 보시오.

A. 지금껏 나는 인생을 살아오면서 많은 것을 포기해 왔다. 정말로 나약한 인간이다. 하지만 여기서 오히려 '콘티넨티아' 정신을 발휘하여 나 자신을 옹호해 보려 한다. 이 과정을 통해 내가 그동안 많은 것을 포기해야 했던 데는 어쩔 수 없는 이유가 있었음을 깨달을 수 있었다. 금전

적인 이유도 있었고, 무엇보다도 사람이기 때문에 완벽하지 못한 것도 있었다. 그런 식으로 생각하다 보면 단순히 자기 효능감이 낮아지는 것이 아니라, 더 냉정하게 자신을 바라보는 시각을 갖추게 된다.

스스로 경계선을 긋자
윌리엄슨의 '모래 산의 역설'

이 세상에는 '경계선'이라는 표현이 있다. 애매한 현실에 그어진 선을 가리킨다. 그리고 이 경계선이 사물을 분류한다. 그렇다면 도대체 어떤 기준으로 경계선을 그어야 할까?

철학 세계에서는 '모래 산의 역설'이라는 사고 실험이 있다. 모래 산에서 모래알을 조금씩 제거한다면, 어느 시점부터는 그 모래 산을 더 이상 '모래 산'이라고 부를 수 없게 된다는 이야기다.

잘 생각해 보면 '모래 산'이라고 부르는 기준은 존재하지 않기 때문에, 단 한 알이라도 모래 산이라고 생각하면 모래 산이 된다. 그러나 보통 모래 한 알을 모래 산이라고 칭하지는 않는다. 비슷한 이야기로는 '어른과 아이의 경계'가 있다. '몇 살부터 어른이라고 불러야 할지'에 대한 이야기는 들어본 적이 없을 것이다. 즉, 이 이야기를 통해 알 수 있는 점은 결국 모든 것이 애매하고, 애매함에서 벗어날 수 없다는 점이다. 이런 애매한 문제를 해결하는 데는 티머시 윌리엄슨 Timothy Williamson(1955~)의 철학을 참고하면 좋다.

윌리엄슨은 일부러 어딘가에 경계선을 그어보라고 제안한다. 그렇게 하면 몇 알부터가 모래 산인지, 몇 살부터 어른이라고 할지 결정할 수 있게 된다. 만약 다른 사람이 이의를 제기한다면, 스스로 정한 경계에 새로운 이름을 지으면 된다고 말한다. 예를 들어 어른과 아이의 경계가 모호할 때는 '청소년'이라는 명칭을 제안해 볼 수 있다. 그렇게 하면 더 이상 누구도 불만을 제기할 수 없게 된다. 경계선은 누군가가 그어주지 않는다. 스스로 그어야 한다.

윌리엄슨의 모래 산의 역설, 이렇게 활용해 보자

Q. 주변에서 볼 수 있는 애매한 일에 경계선을 그어보시오.

A. 예를 들어 사랑과 우정의 경계선은 어디에 존재할까? 서로 마음이 쓰이고, 주변에서도 사귄다고 여길 정도라면 그 관계는 사랑일까 우정일까? 당사자 간에는 연애할 마음도, 성적인 관계도 없다. 하지만 함께 식사하기도 하고 고민을 털어놓으며, 무엇보다도 함께 있을 때 가장 마음이 안정된다. 내가 일부러 이 관계에 경계선을 그어 사랑인지 우

정인지 어느 한쪽으로 명확하게 결정해 보자면, 역시 사랑이라고 할 것이다. 그리고 이 사랑에는 보편적인 연애가 아닌 '무의식적 연애'라는 이름을 붙여 주고 싶다.

040

'가치관의 차이는 초월할 수 있다'라고 믿자

가다머의 '지평 융합'

가치관의 차이는 어쩔 수 없다고 생각하기 쉽다. 그러나 어쩌면 초월할 수 있을지도 모른다. 이런 문제를 생각하기 위해 독일 철학자 한스 게오르그 가다머Hans Georg Gadamer(1900~2002)의 '해석학'을 참고해 보자.

'해석학'은 문장을 해석할 때 활용되는 사고방식인데, 그중에서도 '지평 융합'이라는 개념은 모든 대립에 응용할 수 있다. 가다머는 '사람들이 각자의 선입견과 가치관을 바탕으로 사물을 해석한다'고 주장한다. 이때 자신의 가치관을 '지평'이라고 표현한다. 이는 '자신의 관점'과 비슷하다. 따라서 상대방을 이해하려면 그 지평을 융합시켜야 한다. 그런 다음에야 비로소 서로에게 제3의 지평이 성립되며, 이를 서로 나눌 수 있게 된다. '문제는 어떻게 지평을 융합시킬 수 있는가' 하는 점이다. 이때 가다머가 중시한 것이 바로 '역사성'이다.

인간은 과거에서 현재를 거쳐 미래로 연결되는 시간 속에 존재한다. 그렇다면 현재에만 연연할 것이 아니라, 과거를 이해하고, 미래를 생각해야만 한다. 그런 태도를 견지한다면 자신의 지평이 결코 고정되어 있지 않다는 점을 깨달을 수 있지 않을까?

이처럼 열린 태도로 서로 이야기 나눌 수 있다면, 비로소 지평의 융합이 이루어질 수 있고, 지평의 융합을 통해 가치관 차이를 초월할 수 있게 된다. 물론 이를 위해서는 서로를 이해할 수 있을 때까지 깊게 이야기를 나눠야 할지도 모르겠다.

가다머의 지평 융합, 이렇게 활용해 보자

Q. 절대로 이해할 수 없다고 생각했던 가치관을 들어보고, 여기에 지평의 융합을 적용해 보시오.

A. 나는 차별하는 사람을 이해할 수 없다. 이를 지평의 융합을 적용하여 이해해 보려 하겠다. 이때 역사성 관점에서 생각해 보면, 무엇인가를 차별하는 사람도 같은 인간이다. 차별 자체는 이해할 수 없지만, 그 사람이 어째서 그렇게 되었는지는 이해할 수 있을지도 모른다. 아마도 무엇인가를 차별하는 계기가 된 과거가 있었으리라 생각한다. 그 과

거에 주목해 보면 차별한 사실 자체는 용서할 수 없어도, 그 사람이 어째서 차별하게 되었는지는 이해할 수 있을지도 모른다. 이러한 태도가 이해할 수 없다고 생각했던 가치관을 초월하기 위한 첫걸음이 아닐까?

041

'이해는 공통'이라고 생각해 보자

갈퉁의 '초월법'

우리는 갈등이 늘 필연적이라고 믿어왔다. 평화학(국가 간 분쟁의 원인이나 분쟁 해결의 수단과 방법, 평화 유지 등을 연구하는 학문)의 아버지로 알려진 노르웨이의 사회학자 요한 갈퉁Johan Galtung (1930~2024)은 이런 생각이 착각이라고 주장한다. 갈퉁은 전쟁이나 분쟁을 없애기 위해 우선 '폭력'이라는 개념을 재정의하는 것부터 시작했다.

'폭력'이란 물리적인 힘을 행사하는 것뿐만 아니라, 빈곤이나 차별 같은 사회 구조적 문제도 포함한다고 말한다. 이러한 폭력을 '구조적 폭력'이라고 칭한다. 즉, 분쟁 없는 세상을 만들기 위해서는 구조적 폭력도 배제해야 한다는 것이다. 이를 위해 아무리 작은 분쟁이라도 해결책을 찾아야 한다. 갈퉁은 분쟁을 해결하고자 '트랜센드Transcend'라는 분쟁 해결법을 제시한다. 우리말로는 '초월법'이라고 할 수 있다.

트랜센드의 목적은 '초월'이라는 문자 그대로 대립하는 양자 간 이해의 초월점을 찾아 창조적 해결을 도출하는 것이다. 구체적으로는 조정 역할을 맡은 사람이 중간에 끼어들어 당사자들 간의 대화를 통해 모든 목표를 초월하는 공통된 이해를 찾아내는 것이다. 얼핏 타협이라고 생각할 수도 있겠지만, 타협은 서로 한 발짝씩 물러나 목표의 반을 달성하는 것이다. 그 결과 불만이 남게 된다. 이에 반해 초월점은 서로 완전하게 만족하므로 분쟁이 완벽하게 해결될 수 있다. 쉽지는 않겠지만, 서로가 진실로 원하는 바를 찾기 위해 노력하면 반드시 초월점에 도달할 수 있을 것이다. 분쟁 자체를 원하는 사람은 없을 테니 말이다.

갈퉁의 초월법, 이렇게 활용해 보자

Q. 우리 주변에서 일어나는 분쟁을 초월법으로 해결해 보시오.

A. 이웃 간에 일어나는 분쟁을 예로 들어보겠다. 앞마당의 풀을 베지 않는 A 씨와 풀을 베었으면 하는 이웃 B 씨가 있다. 언뜻 보면 풀을 베느냐 마느냐를 선택해야 하는 단순한 문제처럼 보인다. 여기에서 두 선택지의 근거를 확인해 보겠다. 알고 보니 A 씨는 자연을 사랑하기에 풀을 살려 두고 싶어 했다. 한편, B 씨는 벌레가 꼬이고, 보기에 안 좋

은 데다, 방범 상에도 좋지 않다고 느끼고 있었다. 그렇다면 '풀을 베느냐 마느냐'라는 두 가지 선택지 말고도, 애당초 풀을 관리하는 방법 측면에서 해결의 실마리를 찾는다면 이해의 초월점을 발견할 수 있지 않을까? 가령 벌레가 꼬이지 않게 해충약을 친다거나 풀을 모조리 베어버리지 않고 거슬리지 않는 선에서 정리를 하는 것도 방법이다. A와 B 모두가 만족할 만한 방법은 분명히 있다.

042

'촉각이 중요하다'라고 생각해 보자
콩디야크의 '신중한 형이상학'

인간의 감각 중에서 가장 중요한 것은 무엇일까? 많은 사람이 시각이라고 하지 않을까? 대부분의 정보를 시각으로 얻기 때문이다. 그런 의미에서 시각이 우리 감각이나 사고에 미치는 영향이 가장 크다고 할 수 있다. 하지만 실제로 인간에게는 촉각의 영향이 무엇보다 중요하다. 이처럼 촉각의 중요성을 주장한 사람은 18세기 프랑스 철학자이자 학자인 에티엔 보노 드 콩디야크Étienne Bonnot de Condillac (1714~1780)다. 콩디야크는 감각으로 인식하지 못하는 것에 대해 논의하는 철학을 '과도한 형이상학'이라고 비난했다. 그 대신 감각, 특히 촉각을 중시하는 '신중한 형이상학'을 주창했다. 이른바 '촉각의 철학'이라고도 할 수 있겠다. 콩디야크는 "인간이 기본적으로는 시각을 통해 사물을 인식하지만, 시각에는 반드시 한계가 존재한다."라고 말한다. 시각의 영향은 단순하게 마음의 변화를 끌어

내는 데 지나지 않기 때문이다. 만약 무언가를 보고 아프겠다고 느낀다면 어디까지나 상상 속의 아픔에 지나지 않는다. 하지만 자신이 직접 다쳤을 때 느끼는 아픔은 상상의 아픔과는 다르다.

그런 점에서 시각으로 인식한 것이 실제와 대응하는지 확인하기 위해서는 촉각을 활용하는 수밖에 없다. 이때 촉각은 단순하게 표현하자면 무언가를 밀었을 때 느끼는 저항을 가리킨다. 이러한 저항의 촉각을 통해 우리는 타자의 존재를 느낄 수 있다. 즉, '만진다'라는 행위는 타자의 존재를 느끼는 방법이기도 하다. 사랑이건 우정이건 보기만 해서는 충분하지 않으며, 인간이 상대를 만져서 확인하고 싶어 하는 이유가 바로 이 때문이다.

콩디야크의 신중한 형이상학, 이렇게 활용해 보자

Q. 일상에서 만지고 나서야 비로소 진짜라고 알 수 있는 것을 생각해 보시오.

A. 뜨겁다던가 차갑다 같은 온도의 차이는 시각으로 인식할 수 없다. 물론 색으로 온도를 나타내는 온도계도 있지만, 그 온도계만으로는 진짜 뜨거움을 느낄 수는 없다. 그러니 만져볼 필요가 있다. 또 어느 정도 미끌미끌한지, 거칠거칠한지는 아무리 말로 설명해도 정확한 느낌이 오지 않는다. 실제로 만져봐야 비로소 알 수 있다. 인간은 만져봐야만 비로소 사물을 진실로 이해할 수 있게 되는 것이다.

'조종당하고 있다'라고 의심해 보자

선스타인의 '자유주의적 개입주의'

평소 우리가 누군가에게 조종당하고 있다는 사실을 깨달을 수 있을까? 자발적으로 선택했다고 생각했던 것이 알고 보니 누군가에 의해 강제로 선택된 것이라면 어떤가? 이것이 바로 미국의 법학자 캐스 선스타인Cass R. Sunstein(1954~)이 주장하는 '넛지nudge'라는 발상이다. 넛지는 원래 '팔꿈치로 찔러서 넌지시 깨닫게 한다'라는 의미의 영어 단어다.

즉, '넛지'는 본디 사람은 대놓고 지시하면 저항하는 특성을 가졌기에, 은연중에 깨닫게 유도함으로써 주체적으로 행동하게 만드는 지혜다. 그 근저에는 자유지상주의자가 중시하는 개인의 자율과 가부장주의paternalism를 바탕으로 부모의 균형적 개입이 만들어 낸 '자유주의적 개입주의'라는 사상이 존재한다.

넛지는 공중위생 분야에서 사람들의 행동을 유도하기 위해 널리 사용된다. 예컨대 생활습관 질환 예방을 위해 식단의 개선을 촉구한다거나, 운동을 권할 때 활용한다.

선스타인은 반대로 무언가를 행동으로 옮기지 않기 위해 '슬러지sludge'라는 아이디어도 제안했다. '슬러지'란 '진창'을 의미하는데 눈앞에 진창이 있으면 누구든 앞으로 나아가기를 주저한다. 예를 들어 구독 계약을 해지하려고 하지만 과정이 번거로워 쓸데없는 구독료를 지불하는 것도 슬러지의 전형적인 사례에 해당한다.

> ### 선스타인의 자유주의적 개입주의, 이렇게 활용해 보자

Q. 일상에서 자신이 조종당하고 있는 것은 아닌지 생각해 보시오.

A. 애당초 무언가를 사려고 생각하는 자체가 어딘가에서 본 광고의 영향일 것이다. 이는 기업이 넛지 효과를 발생시켰다고 볼 수 있겠다. 또 사실은 프리랜서로 일하고 싶었지만 그러지 못하는 이유도 어쩌면 슬러지 효과 때문인지도 모르겠다. 프리랜서로 살기에는 정규직에 비해 번거로운 일이 많기 때문이다. 모두가 프리랜서가 된다면 회사가 안정되지 않기 때문에 그렇게 되지 않도록 시스템을 구축한 것은 아닐까?

044

인간은 '기술의 노예'라고 생각해 보자
스티글러의 '보철성'

기술은 점차 진화하고 있다. 여기에는 사실 이유가 있다. 프랑스 철학자 베르나르 스티글러Bernard Stiegler(1952~2020)의 사상이 이를 잘 설명해 준다.

키워드는 '보철성補綴性'이다. 보철성이란 간단하게 말하자면 인공적으로 인간의 기능을 보충한다는 의미다. 인간은 원초적으로 편리함을 추구하는데 이를 위해서는 기술이 필요하다. 스티글러는 다른 동물과 비교하면 인간이라는 존재는 결함투성이라고 말한다. 털이나 가죽도 없고, 이빨도, 큰 손톱도, 날개도 없다. 그래서 옷이나 칼을 만들고, 비행기를 만드는 등의 보완을 하는 것이다. 심지어 그 덕분에 결함투성이인 인간이 세상의 정점에 서게 되었다. 그 외에는 별 볼 일 없지만, 기술을 만들어 내는 힘만을 부여받은 인간. 그러니 인간에게는 기술이 반드시 필요하며, 기술 없이는 살아갈 수 없다. 그런 의미에서 인간은 기술의 노예라고 할 수 있겠다.

그러고 보면 인간이 기술을 끊임없이 발전시켰다고 하기보다는, 그렇게 할 수밖에 없는 운명일 수도 있다. 이른바 '기술적 존재'다. 인간이 기술을 탄생시킨 것이 아니라, 오히려 기술이 인간을 질책하는지도 모르겠다. 이런 표현을 깨닫는다면 인간과 기술의 관계도 바뀔 수 있을 것이다.

스티글러의 보철성, 이렇게 활용해 보자

Q. 기술에 휘둘리고 있다고 느끼는 사례를 들어보시오.

A. 현대 기술이라고 하면 역시 디지털 기술을 들 수 있다. 대표적인 예로 스마트폰이 있다. 스마트폰은 자주 업그레이드되며, 새로운 기능이 추가된다. 우리는 그때마다 조작 방법을 익혀야 하는데, 사실 생각해 보면 그런 진화를 바란 적은 딱히 없다. 필요성보다 기술 발전이 앞선 나머지, 스마트폰이 멋대로 업그레이드하는 것이다. 그래서 우리는 우리의 의지와는 상관없이 스마트폰의 진화를 쫓아가야만 한다. 말 그대로 기술의 노예가 된 것이 아닐까?

아직 완성형이 아니라고 생각해 보자
말라부의 '가소성'

우리는 무심결에 사물이 이미 완성된 것으로 여기기 쉽다. 작성 중이라거나 작업 중이라고 적혀 있지 않은 한, 잠정적으로 그 이상 변화하지 않는다고 여긴다.

하지만 프랑스 철학자 카트린 말라부 Catherine Malabou(1959~)가 주장하는 '가소성可塑性'이라는 개념을 주목해 보면, 그러한 사고방식이 반드시 옳은 것이 아니라는 점을 깨닫게 된다. 말라부가 주장하는 '가소성'은 점토의 성질을 수용하는 능력을 의미한다. 점토에 힘을 가하면 형태가 변하는 것처럼 말이다. 이는 유연성과는 조금 다르다. 점토는 새로운 형태가 되면 원래 형태로는 돌아가지 않기 때문이다. 예컨대 고무공은 힘을 가하면 변형되었다가 원래 형태로 돌아가지만, 점토는 돌아가지 않는다. 그렇기에 가소성에는 형태를 부여하는 능력도 포함되어 있다.

그렇다면 이 가소성이라는 개념을 어떻게 응용할 수 있을까? 말라부는 가소성을 뇌과학에 활용하여 뇌 신경 체계를 표현한다거나, 가소성 문맥에 '여성적인 것'이라는 개념을 인용하여 페미니즘 논의에 활용하곤 한다. 즉, 무언가 새로운 힘을 더하여 새로운 상황이 생겨날 때 '가속성'이라는 단어를 적용한다. 하지만 그 상황에 절대 고정되지 않는다는 점이 중요하다. 사물은 항상, 그리고 영원히 정해지지 않은 상태다. 가소성은 그런 사물에 새로운 가능성을 부여하는 동작이자, 계기가 되는 원리라고 인식해야 한다.

말라부의 가소성, 이렇게 활용해 보자

Q. 언뜻 완성형이라고 여겨지는 주변 사물을 가소성으로 재인식해 보시오.

A. 예전부터 책상은 넓은 판에 다리 4개가 붙어 있으면 완성된 것으로 여겨졌다. 그러나 진화 관점에서 본다면, 혹시 다리를 없애고 드론처럼 하늘을 나는 형태로 진화할 수 있지 않을까? 무엇이든 하늘을 날게 하려는 시대니 말이다. 그렇다면 의자도 책상에 고정되어야 하겠지만, 언젠가는 하늘에서 우아하게 책상에 앉아 일하는 것이 당연한 날이 올지도 모른다. 이처럼 가소성이라는 개념을 인식한다면 깜짝 놀랄만한 혁신을 떠올릴 수 있을 것이다.

046

'미래는 여기에 있다'라고 생각해 보자

드 샬리트의 '초월적 공동체'

우리는 무심결에 자신이 살아가고 있는 공동체는 현실에 존재하는 사회로 한정된다고 믿기 쉽다. 하지만 실제로도 그럴까? 이스라엘의 정치철학자 아브너 드 샬리트 Avner de-Shalit(1957~)는 그렇게 생각하지 않는다.

드 샬리트는 애초에 "인간의 정체성이 생애의 모든 경험을 통해 형성된다."라고 주장한다. 드 샬리트는 이를 '자기의 통일'이라고 칭했다. 그리고 자기의 통일을 토대로 그려 가는 인생이 '이야기'가 된다고 말한다. 특히 그 이야기는 혼자서 그리는 것이 아니다. 우리는 공동체에서 살아가는 생물이므로 당연히 그 공동체는 우리네 인생 이야기에 영향을 미친다. 심지어 자신이 살아가는 공동체는 당연히 내가 세상을 떠난다고 해서 소멸하지 않는다. 사후에도 지속된다. 자기 자식이나 손자, 또는 관계를 맺은 모든 사람이 그 후에도 같은 공동체 안에서 살아간다.

드 샬리트는 거기까지 염두에 두고 자신의 이야기를 그려 가야 한다고 말한다. 이처럼 미래까지 지속하는 공동체를 '초월적 공동체'라고 표현했다. 즉, 우리는 지금 우리가 살아가는 사회만이 아니라, 미래의 공동체에서도 존재하게 된다. 이러한 관점은 미래의 윤리에 대해 생각해 볼 때 중요하다. 현 사회의 연장선에서 미래의 공동체가 존재하며, 자신 또한 그 미래의 공동체 속 구성원이라고 인식하기 때문이다. 그런 의미에서 미래는 어딘가 먼 곳이 아닌, 지금 여기에 있다.

드 샬리트의 초월적 공동체, 이렇게 활용해 보자

Q. 만약 자신이 미래 공동체의 구성원이라면 행동이 어떻게 바뀔까?

A. 지금 살아가는 사회가 그대로 미래로 이어지고, 내가 미래 공동체의 구성원이라고 한다면, 시간을 인식하는 방법이 바뀔 것이다. 예를 들어 지금 무엇인가를 폐기하면, 그 일부가 자연 속에서 순환할 수도 있다. 지금까지의 시간 감각은 자신이 살아 있는 겨우 몇십 년 정도에 불과했다면, 미래 공동체 구성원이라고 인식할 때의 시간 감각은 미래 세대까지 포함하기 때문에 자신의 단순한 행동이 몇백 년, 몇천 년 정도 후의 자연에 미치는 영향을 고려하게 될 것이다.

047

'처음부터 체계는 없었다'라고 생각해 보자
디드로의 '철학적 정신'

세상에는 무수한 지식이 난무하고, 빈번하게 새로운 학문이 탄생한다.

그렇다면 지식은 얼마만큼 체계화해야 하는 걸까? 이 점에 대해서는 18세기의 지식 체계라고 부를 수 있는 『백과전서 Encyclopédie, ou dictionnaire raisonné des sciences, des arts et des métiers(신 중심의 중세적 가치관을 벗어나 다양한 지식 분야를 통일된 체계 속에 포괄한 책으로, 총 28권으로 구성됨. 프랑스 혁명의 사상적 배경이 된 책)』를 편집한 인물 중 하나인 프랑스 철학자 드니 디드로 Denis Diderot(1713~1784)를 참고하면 된다.

디드로는 당시의 최신 지식을 하나로 정리하여 근대 계몽사상의 집대성이라고 부를만한 『백과전서』를 대작으로 완성한 인물이다. 『백과전서』에는 모든 지식이 집약되어 있지만, 그저 지식을 단순하게 기계적으로 나열하기만 한 것은 아니다. 철저하게 사고하여 유의미한 체계화를 구성해 냈다. 심지어 이 책은 사상서로서도 충분한 역할을 한다. 대체 어떻게 이런 체계화가 가능했던 걸까? 그 비밀은 디드로의 철학에 있었다.

디드로는 체계적인 정신이 아닌, '철학적 정신'을 중시했다. '체계적 정신'이란 처음에 설계도를 만들고, 설계에 맞춰 지식을 집어넣는 사고법이다. 그러나 이 방법으로는 설계도 외부에 존재하는 지식은 집어넣을 수 없다. 그래서 먼저 전체 설계도를 만들지 않고, 하나하나의 사건을 상호 연결하여, 그것이 전체적으로 어떻게 이어지는지를 설명하고자 했다. 이것이 바로 '철학적 정신'이다. 각각의 정보 간의 관계성을 그려나가다 보면 결과적으로 전체상이 떠오르는 사고법이다.

디드로는 이런 방식을 통해 모든 것을 포함하는 백과사전적 지식을 그려낼 수 있었다. 결국 정보를 정리하는 것도 처음부터 준비해 둔 틀에 지식을 나열할 것이 아니라, 오히려 철학적 사고를 통해 가능하다.

디도로의 철학적 정신, 이렇게 활용해 보자

Q. 혼돈의 세상을 이해하기 위해 철학적 정신을 활용해 보시오.

A. 혼돈의 세상을 이해하기 위해 먼저 어떤 사회인지에 대한 키워드를 꺼내 놓고, 그 키워드에 각각의 현상을 연결하려 하기 쉽다. 예를 들면 세계화나 고령화 사회, 또는 디지털 트랜스포메이션 Digital Transformation(디지털 기술을 사용하여 아날로그 업무 프로세스 및 산업 구조를 디지털로 전환하는 것)처럼 말이다. 하지만 그런 방법을 쓰다 보면 키워드에 압도되어 진짜 사회의 모습을 인식하지 못할 가능성이 있다. 따라서 처음부터 키워드를 설정하기보다, 눈앞의 현상을 하나씩 연결해 나가면서 결과적으로 자신만의 키워드를 도출해 내는 편이 세상을 바르게 인식하는 방법이 될 것이다.

048

'측정을 통해 본질이 보인다'라고 생각해 보자

플로티노스의 '일자─者'

우리는 열심히 공부하려 한다. 지식을 습득하면 할수록, 자신을 연마하고 있다고 생각하기 때문이다. 하지만 정말로 그럴까? 고대 로마가 지배하던 이집트에서 활약한 철학자 플로티노스 Plotinus(205경~270)는 반드시 그렇지만은 않다며 이렇게 말했다.

"조각가가 조각상을 완성하듯이, 끊임없이 자신을 완성하는 데 힘쓰시오."

즉, 자신을 조각상에 비유하며 항상 완성을 목표로 살아가라는 말이다. 플로티노스는 '조각이란 자신의 여분을 없애는 행위'라고 말했다. 우리는 무언가 새로운 지식을 배울 때마다 그 지식을 완벽하게 습득해 내 것으로 만들려고 한다. 그러나 자신을 연마하려면 자신의 불필요한 지식을 버리는 방법밖에 없다.

플로티노스가 언급한 조각과 마찬가지로, 나머지 지식을 깎아 내면 더욱 아름답고 강인한 모습에 가까워질 수 있다. 플로티노스는 그 궁극의 상태를 '일자$^{一者, The\ one}$'라고 불렀다. 일자는 바로 '이상적인 자신'을 의미한다. 그 이상적인 자신의 모습에 가까워지기 위해 새로운 지식을 조각 끌을 사용하여 쓸모없는 것과 쓸모 있는 것을 구분해 내야 한다. 플로티노스는 그렇게 끊임없이 조각하다 보면 우주도 지배할 수 있다고 말한다. 너무 과장된 이야기 같지만, 이치만 생각해 보면 아주 불가능한 이야기도 아니다. 그렇게 자신을 끊임없이 갈고 닦다 보면 언젠가는 이 세상의 정점에 설 수도 있을 것이다.

플로티노스의 일자, 이렇게 활용해 보자

Q. '배움'이란 여분의 것들을 깎아 내는 작업이라고 생각해 보시오.

A. 분명 무언가 새로운 것을 배우면 그때까지 착각하고 있던 것이나 낡은 지식이 쓸모없어진다. 즉, 여분의 지식이 깎여 나간다. '철학'이 바로 그 전형적인 사례다. 철학은 사물의 본질을 탐구하는 학문인데, 이 말은 즉, 본질 이외의 것은 여분의 지식에 불과하다는 말이다. 오히려 그런 여분의 지식을 깎아 내지 않으면 본질이 보이지 않는다. 예컨대

과거의 나는 '사랑이란 자신에게 없는 것을 찾는 일'이라고 생각해 왔다. 하지만 고대 그리스 철학자 플라톤이 완벽함에 이끌리는 것이야말로 사랑의 본질이라고 주장한 것을 알고 생각이 바뀌었다. 그야말로 여분의 지식을 깎아 내어 본질을 손에 넣은 듯한 느낌이었다.

지나가는 길에서 의의를 찾아보자

벤야민의 '파사주론'

요즘 시대에는 즉각적으로 정보를 확인하는 일이 일상이 되었다. 검색 플랫폼부터 영상 채널, SNS 메시지까지. 이러한 행위에 어떤 의미가 있는 걸까? 이런 생각에 참고가 되는 것이 독일 철학자 발터 벤야민Walter Benjamin(1892~1940)의 '파사주론'이다.

'파사주passage'란 19세기 파리 중심가 근처에 등장한 '회랑형 아케이드 거리'를 가리키는 말이다. '파사주'가 프랑스어로 '지나가는 길'을 의미하듯이 좁은 통로 양쪽으로 많은 가게의 쇼윈도가 연속해 있는 모습은 무수한 정보 속을 빠져나가는 듯한 감각을 느끼게 한다.

벤야민은 그런 파사주를 빠져나가면서 무심코 눈에 담은 것을 주제로 삼아, 사회나 시대에 관해 고찰했다. 벤야민은 목적 없이 거리를 방황하는 사람을 '산책자'라고 불렀는데, 동시에 이들은 아케이드라는 정보를 관찰하는 '관찰자'이기도 하다.

파사주에는 19세기 사람들의 꿈이 투영되어 있었다고 한다. 쇼윈도를 보면 알 수 있듯이, 거기에 진열된 상품은 사람들의 욕망이 담겨 있었다. 지금의 텔레비전이나 인터넷에 흐르는 정보도 당시와 똑같이 사람들의 꿈이다. 쇼핑도 인터넷에서 해결하는 우리는 실제 거리에 존재하는 아케이드를 지나치는 일은 줄었지만, 그 대신 매일 온라인상의 아케이드를 빠져나가고 있기 때문이다. 그렇게 인터넷을 통해 시선을 끄는 사람이나 물건을 동경하게 된다.

벤야민의 파사주론, 이렇게 활용해 보자

Q. SNS를 파사주론으로 분석해 보시오.

A. SNS는 하나의 메시지를 깊게 본다기보다 많은 메시지를 한 번에 보는 미디어라고 할 수 있다. 그런 의미에서 아케이드를 빠져나가는 것과 같은 효과가 있다고 생각한다. 다만 SNS는 비슷한 정보를 편향되게 접하는 문제가 있다. SNS의 알고리즘은 기본적으로 자신이 좋아하는 정보를 제공하게끔 설계되어 있으므로, 어떤 식으로든 의외의 정보를 접할 기회가 한정된다. 하지만 자신이 좋아하는 것을 많이 접하고, 꿈을 명확하게 만든다는 점에 그 중요성이 있는지도 모르겠다.

050

악덕은 나쁜 것이 아니라고 생각해 보자

맨더빌의 '꿀벌의 우화'

인간은 교활하다. 그런 의미에서 악덕 또한 인간이 지닌 또 하나의 측면이라고 해도 좋을 것이다. 그러나 악덕이 반드시 나쁜 것만은 아니다. 네덜란드 출신의 영국 사상가 버나드 맨더빌Bernard Mandeville(1670~1733)의 말이다.

맨더빌이 제기한 유명한 일화인 '꿀벌의 우화'는 악덕을 권하는 이야기라고 해도 과언이 아니다. 둥지 안의 꿀벌은 한 마리 한 마리가 모두 사익을 추구하는 데 급급하지만, 둥지 전체로 보면 풍요롭고 활발한 사회생활을 영위하고 있다는 사실을 지적한 것이다. '꿀벌의 우화'는 맨더빌이 쓴 책의 제목인데, 부제인 '개인의 악덕, 사회의 이익'이라는 주장이 본질을 표현하고 있다.

맨더빌은 인간의 본성을 이성이라기보다 '정념'으로 인식하며, 사익에 기초한 행동이 결과적으로는 공익으로 연결된다고 주장하였다. 실제로 허영과 탐욕처럼 사익을 위한 행동이 결과적으로는 사회를 풍요롭게 만들고, 공익에 이바지하는 일이 흔하다. 반대로 사람들 사이에 정직이나 절제 같은 미덕만 존재한다면, 이 세상은 발전하지 못했을 것이다. 다만 맨더빌의 이론이 결코 범죄 같은 악한 행동을 옹호하는 것이 아니므로 오해하지 않기를 바란다. 또한, 사익을 도덕으로 긍정하는 것도 아니다. 어디까지나 사익이 결과적으로 공익에 이바지한다는 사실을 지적한 것에 불과하다.

맨더빌의 꿀벌의 우화, 이렇게 활용해 보자

Q. 악덕이 세상을 위하는 일이 된 사례를 들어보시오.

A. 애당초 '경제활동' 그 자체가 악덕이 공익으로 이어진 사례다. 사실 맨더빌의 이론은 나중에 많은 경제학자가 응용하였고, 이를 통해 시장경제 이론이 구축되었다. 모두 자신의 사익을 위해 물건을 사고팔지만, 그 결과 사회가 발전하게 된다. 사익 추구가 자신만 득을 보면 된다는 의미로 본다면 악덕에 기인했다고 해도, 이것이야말로 악덕이 세상을 좋게 만드는 사례라고 인식할 수 있지 않을까? 너무 금욕적으로 사는 것도 이 세상을 위해 좋지 않다는 말이다.

Part II.

철학자에게 배우는
50가지 의심

'얼마든지 자유로울 수 있다'라고 생각해 보자
노직의 '자유지상주의'

　인간은 자유로운 존재라고 말하지만, 대체 어디까지 자유로울 수 있을까? 그 경계선이 어디까지일지 모르지만 자유롭다고 생각하는 사상이 바로 '리버탈리아니즘 libertarianism'이다. '자유지상주의'라고 번역되기도 하는 정치 철학 용어다(국내에서는 리버탈리아니즘 대신 '자유지상주의'를 주로 사용하여 이하 자유지상주의로 표기).

　자유지상주의를 주장하는 사람들을 '자유지상주의자'라고 하는데, 자유지상주의자들은 개인의 자유나 기호를 최대한 존중하는 극단적 개인주의자다. 자유지상주의에도 국가의 존재를 폐지해야 한다는 의견부터 어느 정도 국가의 관여를 인정하는 의견까지 그 폭이 다양하다.

　자유지상주의 중에서 가장 유명한 사상이 미국 정치철학자인 로버트 노직 Robert nozick(1938~2002)이 주장한 '최소 국가론'이다.

'최소 국가'란 '국가의 역할을 국방이나 재판, 치안 유지 등 최소한으로 제한하자'는 주장이다. 따라서 자유지상주의 관점에서는 복지나 부의 재분배가 '세금'이라는 이름을 빌린 도둑질로 여겨진다. 애당초 부의 소유는 노동에 기반하여 생기므로, 개인 재산을 빼앗아 재분배하는 것은 정부가 무상으로 강제노동을 시키는 것과 다름없기 때문이다.

한편, 자유지상주의자들은 시장을 절대적으로 신뢰한다. 자유지상주의야말로 자발적인 교환이 본질인 도덕적 제도라는 것이다. 이 사상이 개인주의 국가인 미국에서 인기 있는 것도 당연한 듯하다. 우리는 국가가 개인의 자유를 제한하는 것이 당연하다고 생각하기 쉽지만, 절대 그렇지 않다.

노직의 자유지상주의, 이렇게 활용해 보자

Q. 지금보다 더 자유로운 사회를 구상해 보시오.

A. 우리는 일반적으로 사회 체계는 크게 바뀌지 않는다고 확신한다. 따라서 초고령사회에서 부의 재분배를 위해 점차 세금이 상승하는 것도 어쩔 수 없다며 포기한다. 그러나 인간은 본디 자유로우며, 국가의 제한도 우리가 바란 것에 지나지 않는다. 특히 민주주의 국가는 선거를 통해서 국가의 제한을 선택한 것이다. 그러니 싫다면 바꿀 수 있다. 예

컨대 세금을 내리고, 복지를 최소한으로 한다는 선택지도 있다. 그 대신 자신의 복지를 위해 스스로 돈을 모을 필요가 생기는 것뿐이다. 자, 어느 쪽이 좋을까?

052

'몸과 마음은 다르다'라고 생각해 보자

데카르트의 '심신이원론'

우리는 평소 몸과 마음은 하나의 체계로 함께 흘러간다고 생각한다. 하지만 정말로 그럴까? 프랑스 철학자 르네 데카르트^{Rene} ^{Descartes}(1596~1650)는 "나는 생각한다. 고로 존재한다."라는 유명한 명언으로 상징되듯이 '나'라는 의식, 즉 마음만은 의심할 여지 없는 특권과도 같은 것이라고 주장했다. 그 결과, 마음 이외의 부분은 별개의 이질적인 존재로 분열된다. 마치 몸은 부수적인 존재로 기계적인 사물로 취급한다는 말이다. 이렇게 몸과 마음은 갈래갈래 찢어진다. 이것이 많은 논란을 일으킨 '심신이원론' 또는 '물심이원론'이라고 불리는 사상이다.

데카르트는 마음의 본질은 '사유'인데 반해, 몸을 포함한 그 이외 물질의 본질은 모두 '연장'에 불과하다고 인식한다. '연장^{extension}(늘어남)'이란 철학 용어로 '구체적인 부피로 공간을 차지하는 실체'를 가리킨다. 이에 반해 사유는 '연장과 달리 부피가 없는 실체'를 말한다. 문제는 이처럼 두 가지를 전혀 다른 성질을 가진 존재로 인식한다면, 몸과 마음의 관계성을 설명할 수 없다는 점이다. 그 때문에 후대 철학자들은 이 문제를 둘러싸고 고민하게 된다.

　이는 현대를 살아가는 우리에게도 커다란 문제다. 최신 의학에서는 장기나 세포가 뇌와 독립적으로 활동한다는 설도 나오고 있다. 더불어 AI도 의식을 가질 수 있다는 주장도 불거지기 시작했다. 그런 의미에서는 몸과 마음을 별도의 존재라고 인식한 데카르트의 공적이 실로 크다고 할 수 있을지도 모르겠다.

데카르트의 심신이원론, 이렇게 활용해 보자

Q.　몸과 마음이 별개라고 의식하면, 일상은 어떻게 바뀔까?

A.　평소 몸과 마음이 별개라고 의식하지 않으므로 말로는 '마음을 쉬게 한다'거나 '몸을 쉬게 한다'라고 하지만, 특별히 어느 한쪽만 쉬게 하겠다고 생각하지는 않는다. 하지만 두 가지가 다르다는 점을 의식한다면, 적어도 몸과 마음 모두를 하나하나 신경 써서 돌보게 되지 않을까? 그렇지 않다면 마음을 쉬게 하려 했던 것이 알고 보면 끊임없이 몸을 혹사하게 되어 병들게 만들 수도 있다. 그 반대의 사태도 생길 수 있을 것이다. 몸과 마음을 동시에 돌봐야 할 필요성을 깨닫게 될 듯하다.

053

'신은 죽었다'라고 생각해 보자

니체의 '초인사상'

우리는 특정 종교에 귀의하지 않아도 신을 의지하곤 한다. 옛말에 "급하면 부처님 다리를 끌어안는다."더니 딱 그 꼴이다. 과연 이대로도 괜찮은 걸까? 독일의 철학자 프리드리히 니체Friedrich Nietzsche(1844~1900)는 그런 태도를 강하게 비판한 인물로 알려졌다.

니체의 대표적인 이론이라고 해도 될 만한 것이 '초인사상'이다. 니체는 이 초인을 독일어로 '위버멘쉬Übermensch'라고 표현했는데, 영어로는 오버맨overman이라고 번역된다. 즉 '한계를 극복한 사람'이라는 의미다.

어째서 그런 초인이 되어야 하는지 살펴보면, 바로 언제까지고 신에게 의지할 수는 없기 때문이다. 신에게 의지하는 한, 우리는 강인하게 살아갈 수 없다. 그러므로 니체는 오히려 "신은 죽었다."라고 선언한 것이다.

그렇다고 해도 실제로 신이 죽은 것은 아니다. 이는 기독교를 비판한 말이다. 당시 유럽 사회는 기독교가 지배하고 있었다. 사람들은 신에게 의지하기만 할 뿐, 주체적으로 살아가려 하지도 않으면서 실패하면 항상 원망만 입에 담았다. 니체는 그런 태도를 '허무주의'라고 칭하며 비난했다. 허무주의를 극복하려면 의지할 수 있는 신은 '이미 죽었다'라고 여기며, 스스로 난관을 극복하는 수밖에 없었다. 나약한 인간이 변명으로 가득한 인생과 연을 끊기 위해서는 그 정도로 충격적인 결별 선언이 필요했다.

니체의 초인사상, 이렇게 활용해 보자

Q. 신은 죽었다고 생각하면 일상의 자세는 구체적으로 어떻게 바뀔까?

A. 종교를 믿지 않는다고 해도, 누구나 어떤 형태로든 마음속에 신의 존재를 품고 있을 것이다. 이는 아마도 마지막에는 신이 어떻게든 해 주겠지 하며 신에 의존하는 마음이다. 하지만 신은 죽었다고 여기면, 모든 일을 스스로 책임져야 한다. 그렇게 생각하면 어떤 일이든 적극적으로, 과감하게 대처하지 않을까? 그리고 실패해도 다시 일어서는 강인함을 손에 넣을 수 있을 것이다.

죽음은 나쁜 것이 아니라고 생각해 보자

하이데거의 '다자인 존재론'

일반적으로 인간 모두가 죽음을 싫어한다. 그렇기에 죽음에 관련된 이야기는 터부시되기 쉽다. 하지만 누구에게나 죽음은 다가온다. 그렇다면 그저 죽음을 두려워하기만 할 것이 아니라, 보다 낙관적으로 인식하는 편이 좋지 않을까?

그런 측면에서 독일의 철학자 마르틴 하이데거Martin Heidegger (1889~1976)는 '죽음은 생을 빛내주는 것'이라고 그 의미를 재정의하였다. 하이데거는 죽음에 대한 불안을 '선구적 결의성'이라는 긍정적인 마음으로 전환하려 했다.

'선구적 결의성'이란 죽음을 불가피한 것으로 인식하고, 회피할 수 없는 사실 앞에서 주체적으로 결단하며 살아간다는 의미이다. 하이데거는 인간을 시간 속에 두고, '탄생과 죽음'이라는 시작과 끝에 끼어 있는 존재의 유한성에 눈뜨게 했다.

이에 따라 인간은 모두 죽음을 향해 나아가는 존재로서, 대체 불가한 고유의 생을 살아가게 된다고 말한다. 죽음을 의식한다면, 누구나 제대로 살아가고자 할 것이다. 그렇게 제대로 살아가려는 모습이야말로 본래의 생이며, 이러한 인간을 하이데거는 '현존재(다자인^{dasein})'라고 일컬었다. 독일어로 '다^{da}'란 '지금 여기'를 의미하며, '자인^{sein}'이란 '존재'를 의미하기 때문에, '다자인'이라는 말은 '지금을 살아가는 인간'이라는 의미다.

이렇게 생각해 보면 죽음은 생을 더욱 빛나게 해 주는 중요한 계기가 될 것이다. 죽음에 대한 불안으로 떨며 살아가는 것과 죽음을 각오하고 현명하게 살아가는 것 중 어느 쪽이 좋을지는 자명하다.

하이데거의 다자인 존재론, 이렇게 활용해 보자

Q. 죽음을 의식하게 되면 삶의 방식이 어떻게 바뀔지 생각해 보시오.

A. 우리는 평소 자신이 죽는다는 사실을 전혀 의식하지 않는다. 그래서 아무 일 없듯 살아가게 된다. 하지만 만약 어떤 계기로 인해 죽음을 의식하게 되면 어떻게 변화할까? 아마도 갑작스러운 불안에 사로잡힐지도 모르겠다. 언제 찾아올지 모르는 죽음으로 하루하루는 고통스러울 것이다. 그렇다면 그 상황에서 죽음과 마주함으로써 불안을 극복

하고, 어차피 죽는다면 살아 있는 동안 삶을 즐기자는 마음을 먹는 건 어떨까? 시한부 선고를 받은 사람이 절망을 극복하고 남겨진 시간을 빛내듯이 말이다.

055

'만족은 좋지 않다'라고 생각해 보자

아리스토텔레스의 '중용'

우리는 평소 어떤 일이든 만족스러운 것이 좋다고 믿는다. 그러나 반드시 그렇지만은 않다. 동서고금의 철학자들은 어떤 일이건 적당한 것이 좋다는 사상을 펼쳐 왔다. 고대 그리스의 철학자 아리스토텔레스Aristoteles(기원전 348~기원전 322)도 그러한 사람 중 한 명이다.

아리스토텔레스가 말하는 에토스ēthos는 이른바 '중용'을 말한다. '중용'이란 말 그대로 '적당한 것'이다. 아리스토텔레스는 이 중용을 '인간의 덕'이라고 주장했다. 아리스토텔레스가 중용을 덕이라고 여긴 데에는 그럴만한 이유가 있었다.

당시 사람들은 '폴리스'라고 불리는 도시국가에서 공동생활을 했다. 아리스토텔레스는 그러한 생활을 일컬어 "인간은 폴리스적 동물이다."라고 표현했다. 좁은 도시국가 안에서 상호 간 협력

함으로써 비로소 생활이 성립했기 때문이다. 바꿔 말하자면, 극단적인 행동을 취하지 않아야 했다. 그래서 중용을 덕으로 여긴 것이다. 도시국가에서 공동체 생활을 할 경우, 너무 편향된 행동은 공동생활이 어렵다. 그러니 양극단의 중간에 위치하는 중용이 '덕'이라 여겼다. 예컨대 겁쟁이와 무모함 사이의 적당한 상태는 '용감'이다. 유사하게 무감각과 방탕함의 중간은 '절제', 추종과 무뚝뚝함의 중간은 '호의', 비하와 자랑의 중간은 '성실'이다. 이러한 사례를 보면 알 수 있듯이 스스로는 중용이라고 생각해도 주변에서는 방탕하거나, 자만한다고 여기는 등 극단적으로 편향되어 있을 가능성도 존재한다.

　　스스로 적당함을 유지하기란 매우 어렵지만, 주변 사람들의 존재를 의식하다 보면 자연스럽게 배려할 수 있게 된다. 아리스토텔레스가 논리학의 아버지로 추앙받는 이유는 바로 이처럼 중용의 덕을 주장했기 때문이다.

아리스토텔레스의 중용, 이렇게 활용해 보자

Q. 　중용을 의식하며 살아간다면 인생은 어떻게 바뀔까?

A. 　우리는 평소 중용을 그다지 의식하지 않는다. 그래서 크게 후회하게 된다. 예컨대 과음하거나 과식하는 것부터 회사를 그만둘 같은 인

생의 선택에 대해서도 그렇다. 따라서 처음부터 중용을 의식하면 분명히 다른 사람에게 민폐를 끼치는 일 없이, 또 스스로 후회할 일도 없는 적당한 행동을 취할 수 있게 될 것이다. 이에 따라 실패가 없어져서 인생이 더욱 잘 굴러가지 않을까?

056

'두려움을 주는 것이 낫다'라고 생각해 보자

마키아벨리의 '군주론'

현시대에는 두려움을 주는 것은 악하다고 여긴다. 그렇기에 리더 자리에 있는 사람도 지도하기가 여간 어려운 것이 아니다. 정말 그럴까? 이탈리아의 사상가 니콜로 마키아벨리^{Niccolò Machiavelli}(1469~1527)의 『군주론』을 참고하여 생각해 보자.

마키아벨리의 『군주론』은 냉철한 현실주의로 점철되어 있다. 목적을 위해서라면 수단을 가리지 않는 악명 높은 책략이 '마키아벨리즘'이라고 불리며 현대까지 전승될 정도다.

마키아벨리는 피렌체공화국의 외교관이었는데, 실직 후에 책을 집필하기 시작했다. 그 책이 바로 『군주론』이다. 당시 이탈리아는 소국이 서로 대립하여 정치가 불안정했다. 그러한 현실을 피부로 느끼며, 외교관으로서 타국의 군주를 관찰한 점을 바탕으로 현실적인 정치사상을 형성한 것이었다.

"사랑받는 것보다 두려워하는 것이 낫다."

이 말이야말로 마키아벨리즘을 상징하는 표현이라 해도 손색이 없을 정도다. 심지어 여기서 말하는 두려움은 단순하지 않다. 협박이나 고함을 질러서는 안 된다. 또한, 결코 미움을 사서도 안 된다. 미움을 사면 발목을 잡히기 때문이다. 바로 그 점이 현실적인 부분이다.

결국, 리더는 단순히 무섭기만 해서는 안 되며, 미움받지 않도록 제대로 머리를 써야 한다는 말이다. 그래서 마키아벨리는 리더의 모범적인 모습을 여우와 사자로 비유했다. 여우는 교활해서 함정에 빠지지 않으며, 사자는 강하기 때문에 다른 동물에게 질 일이 없기 때문이다. 리더에게는 이 두 가지 능력이 반드시 필요하다고 생각한 듯하다.

마키아벨리의 군주론, 이렇게 활용해 보자

Q. 현대사회에서 무서운 리더를 실천할 때의 주의점에 대해 생각해 보시오.

A. 현대사회는 특히 컴플라이언스 의식(기업 및 기관의 윤리의식과 법 준수에 대한 책임감과 의무감)이 높아졌기 때문에, 안이하게 무서운 리더를 연기해서는 안 된다. 하지만 리더십을 발휘해야 할 때도 있으므로, 그

때는 미움받지 않는 선에서 의연한 태도를 보여야 한다. 이때 바로 '여우의 교활함'이 필요하다. 상대방에게 미움받지 않기 위해 말투나 내용에 유의하고, 그런 뒤 위엄을 보여줘야 한다. 참된 리더십을 실천하기란 쉬운 일은 아니지만, 불가능한 일도 아니다.

057

'고독이 행복'이라고 생각해 보자
쇼펜하우어의 '고독론'

일반적으로 '고독'이란 어둡고, 힘든 이미지이다. 하지만 독일의 철학자 아서 쇼펜하우어Arthur Schopenhauer(1788~1860)는 "고독이야말로 자기 자신을 자유롭게 만드는 귀중한 시간"이라고 말했다.

확실히 누군가와 함께 있을 때는 그 사람에게 맞춰야 한다. 그런 시간이 즐거울 수도 있지만, 반대로 생각하면 자신의 시간을 빼앗긴다고 볼 수도 있다. 파티가 끝난 후 무심코 허무함을 느낀 경험은 누구나 있을 것이다. '내가 지금 무엇을 하고 있나' 하고 말이다. 그럴 때는 혼자 자기 자신을 살펴보는 행동이 유의미할 것이다.

실제로는 인생 전체가 해당한다. 쇼펜하우어의 비유에서 보듯이 인생은 반드시 오케스트라처럼 모두와 함께 곡을 연주해야 하는 것이 아니다. 피아노 독주와 같이 혼자서 아름다운 음률을 연주할 수도 있다.

쇼펜하우어가 이런 경지에 이르게 된 것은 자기 자신이 고독한 인생을 선택했기 때문이다. 젊은 시절, 쇼펜하우어는 대학을 등지고 오히려 혼자서 사색하는 인생을 좋아했다. 평생 독신인 채로 말이다. 그 덕에 위대한 철학을 정립할 수 있었다는 자부심이 있었을 것이다.

그렇기에 쇼펜하우어는 고독한 삶에서 행복을 느꼈으리라 생각한다. 현재 쇼펜하우어의 '고독론'은 행복론으로 널리 알려졌다. 의외일지도 모르겠지만, 고독은 행복을 만들어 내는 조건이 될 수도 있기 때문이다.

쇼펜하우어의 고독론, 이렇게 활용해 보자

Q. **'고독함은 좋지 않다'라는 인식의 세상 풍조에 대해 의심해 보시오.**

A. 세상은 고독해서는 안 된다고 여기는 듯하다. 고독사는 물론이고, 독거나 독신 등 어떤 것이든 고독은 나쁘다고 인식한다. 하지만 고독한 편이 자유롭게 행동할 수 있다는 관점에서 보면, '혼자 있는 것'과 '외로운 것'은 다르다. 혼자 있다면 시간도 사물도 독점할 수 있다. 앞으로는 세상의 서비스도 한 명을 기준으로 다시 설계하는 편이 좋지 않을까? 그렇게 하면 고독한 시간은 자신이 세상을 좋을 대로 독점할 수 있는 사치스러운 시간으로 변모할 것이 틀림없다.

058

'불면은 성장의 기회'라고 생각해 보자
힐티의 '수면 철학'

스위스의 철학자 카를 힐티^{Carl Hilty}(1833~1909)는 『잠 못 이루는 밤을 위하여』라는 책 속에서 '불면'에 대해 철학적으로 성찰했다. 무려 '불면이 있다면 자지 않아도 좋다'라고 역설했다. 즉, 무리해서 자려고 하지 말고, 오히려 잘 수 없는 밤을 활용하라고 설득한 것이다. 이렇게 말하는 이유는 잠들지 못하는 밤 사이 자기 생에 있어 결정적인 통찰이나 결단을 도출한 사람들이 많기 때문이다. 그래서 "잠들지 못하는 밤을 '신의 선물'이라고 여기며 활용하라."라고까지 말한다.

우리는 평소에 잠을 자지 못할 때 조금이라도 자려고 발버둥을 친다. 하지만 그러면 그럴수록 더욱 잠들기 어려워진다. 그때 오히려 불면이 인생의 전환점이라고 여기고, 적극적으로 사색하는 시간으로 삼아 활용해 보면 좋다. 즉, '불면을 어떻게 여길 것인지 결단할 타이밍으로 활용하라'는 말이다. 다만 그때 방황하는 자신에게 물어도 답이 나오지 않는다.

힐티는 자기 자신이 아닌 자신을 사랑해 주는 사람들과 마음을 열고 이야기 나누기를 추천한다. 자신을 사랑해 주는 사람들은 최대한 자신을 생각하여 답해 주기 때문이다. 자신에게 긍정적으로 작용할 만한, 그리고 자신에게 상처 주지 않을 만한 충고를 할 것이기 때문이다. 여기에 더해 평소 스스로 용기를 북돋아 주는 책을 머리맡에 두기를 추천한다.

힐티의 수면 철학, 이렇게 활용해 보자

Q. **불면을 악[惡]이라고 여기는 풍조에 이의를 제기해 보시오.**

A. 분명히 불면은 건강에 좋지 않다. 특히 며칠이나 잠들지 못한다면 문제가 있다. 이를 방지하기 위해서는 오히려 태도를 바꾸어 불면에 너무 집중하지 않는 편이 좋다. 불면을 신경 쓰지 않으면 잠들지 못하는 나날이 끊임없이 이어지지는 않을 것이다. 물론 수면 장애는 다양한 원인이 있으므로, 그러한 원인을 확인한 다음의 이야기라는 점은 말할 필요도 없다. 이러한 원인이 없는 한, 잠을 자주 이루지 못한다는 말은 그만큼 인생에서 성장의 기회가 많이 찾아오는 것인지도 모른다. 이처럼 불면을 긍정적으로 인식해 보기 바란다.

059

'싫은 일은 최대한 미루는 편이 낫다'라고 생각해 보자

페리의 '미루기 철학'

싫은 일을 최대한 미루는 태도는 좋지 않다고 여겨진다. 하지만 정말로 그럴까? 미국의 철학자 존 페리John R. Perry(1943~)는 오히려 싫어하는 일을 미루는 태도를 '체계적인 미루기'라고 부르며 활용하기를 권장한다. 그리고 페리 자신도 미루는 습관 때문에 많은 성과를 낼 수 있었다고 말한다. 실제로 페리는 연구자로서의 성과 외에도 책을 집필하거나, 라디오 프로그램을 맡는 등 다방면으로 활약하고 있다.

미루는 습관이 있는데도, 어째서 이런 일이 가능할까? 이는 싫은 일이나 잘하지 못하는 일을 미루는 대신, 하고 싶은 일이나 잘하는 일을 적극적으로 수행하여 생산성이 높아졌기 때문이다. 즉, 최우선 순위가 변한 것뿐이라고 봐도 된다. 미루는 습관이 있다고 해서 아무것도 하지 않는 것은 아니다.

페리는 사물을 처리하는 방법에 따라 인간을 종형과 횡형, 두 가지 타입으로 분류했다. '종縱형 인간'은 사물을 순서대로 처리하는 스타일로, 마치 캐비닛에 서류를 정리하듯이 착실하게 일을 해낸다. 이와 반대로 '횡橫형 인간'은 일을 미루는 스타일로, 일을 전부 수평적으로 늘어놓고 마음 가는 대로 정리한다. 횡형 인간도 결국 마지막에는 미루었던 일을 해내기 때문에, 전체적으로 보면 더 많은 일을 해내는 사례도 있다.

페리의 미루기 철학, 이렇게 활용해 보자

Q. 납기를 지키지 않는 사람을 옹호해 보시오.

A. 물론 납기를 지키지 않으면 자신도 곤란해지지만, 무엇보다 상대방에게 폐를 끼치게 된다. 하지만 '정식 납기'는 놓칠지 몰라도 '최종 납기'는 의식하고 있을 것이다. 그렇다면 미루는 대신 오히려 좋아하는 일이나 잘하는 일에 시간을 잔뜩 쓰고 처리한다면 생산성이 높아진다고 할 수 있겠다. 상대방에게는 민폐를 끼칠 수도 있겠지만, 솔직하게 사과하고 최종 납기만 지킨다면 문제는 없으리라 생각한다. 물론 사전에 최종 납기를 확인하고, 자신이 그런 타입이라는 것까지 상대방에게 미리 양해를 구할 필요가 있을 것이다.

090

'사회에 공통된 의지가 존재한다'라고 생각해 보자

루소의 '일반의지'

인간의 가치관은 다양하므로, 이 때문에 사회가 하나로 통합되지 않는다고 생각하기 쉽다. 하지만 프랑스 철학자 장 자크 루소 Jean Jacques Rousseau(1712~1778)는 반드시 그렇지만은 않다고 말한다.

루소는 『사회계약론』을 통해 새로운 사회 질서를 만드는 방법을 제안했다. 이를 위해서는 우선 '개개인이 자신이 가진 자유를 손에서 놓아야 한다'고 말한다. 만약 국가의 구성원들이 다른 구성원에게 자유를 양도한다면, 실제로 자유의 양도 대상이 자기 자신이 된다. 민주주의 국가를 보면 알 수 있듯이, 자기 자신이 국가를 구성하고 있으므로, 국가에 자유를 양도하면 결국은 자신이 자유를 제어하는 것이 되기 때문이다.

따라서 이러한 경우는 욕망에 따라 휘둘리는 '자연적 자유'는 잃게 되지만, 반대로 참된 자유라고 할 수 있는 '시민적 자유'를 새롭게 획득할 수 있다. '시민적 자유'란 의무나 이성에 따라 자신을 통제할 수 있는 자유를 의미한다.

그렇게 모두가 국가에 자유를 양도한다면, 도대체 어떻게 모든 개개인이 수용할 수 있는 정치를 할 수 있을까? 여기서 루소는 전 구성원에게 공통되는 '일반의지'의 존재를 지적한다. '일반의지'란 개개인의 의지를 단순하게 더한 '전체의지'와는 전혀 다르다. '전체의지'는 다수의 의견을 반영하는 것뿐이기 때문이다.

일반의지는 어디까지나 전 구성원에게 공통되는 최대공약수와도 같은 의지를 가리킨다. 물론 전 구성원에게 공통되는 의지를 도출하기까지는 논의가 필요하다. 따라서 필연적으로 전원이 참가하는 직접민주주의가 요구된다. 일반의지를 바탕으로 모두 함께 정치하자는 말이다. 이러한 루소의 사상이 절대왕정을 무너트린 프랑스 혁명에 힘을 실어 주었다는 사실은 말할 필요도 없다.

루소의 일반의지, 이렇게 활용해 보자

Q. **현대사회 전체에 공통된 의지란 무엇인지 생각해 보시오.**

A. 적어도 대부분 민주국가에서는 많은 사람이 민주주의 제도를 믿고, 평화를 실현해야 한다고 생각한다. 그런 의미에서 기본적인 인권 존중을 시작으로, 국민주권, 평화주의와 같은 민주주의의 원칙은 일반

의지라고 할 수 있을 것이다. 이 원칙에 따라 하나로 뭉친 것이니 말이다. 또 원자력 발전은 어떻게 할 것인가, 기후 변화에는 어떻게 대처할 것인가와 같은 새로운 문제에 대해서도 현재도 계속해서 일반의지를 형성하는 중이다.

060

'구글링하지 않는 편이 좋다'라고 생각해 보자

몽테뉴의 '쿠세쥬'

만약 우리에게 무엇인가 고민이 되거나, 의문이 생기면 어떻게 할까? 바로 인터넷으로 검색해 보지 않을까? 그런 태도를 통렬하게 비판한 것이 프랑스 철학자 미셸 몽테뉴^{Michel Eyquem de Montaigne}(1533~1592)이다. 몽테뉴는 사람들이 외부에서 질문에 대한 답을 찾으려 하는 태도가 좋지 않다고 경계했다. 그 대신 자신의 내부에서 답을 찾아야 한다고 말한다. 더 깊이 생각하기도 전에 바로 인터넷이나 AI에 답을 물어보는 우리 현대인에게 이는 사실 잔소리 같다. 하지만 고대 철학자의 이야기는 단 한 번도 틀린 적이 없다.

몽테뉴는 인간의 지성을 강하게 신뢰했다. 애당초 인간은 호기심이 많은 존재이고 이 호기심을 해결하기 위해 구체적으로 생각하는 힘인 이성을 사용하는데, 이 이성이 부족하다면 경험으로 보충할 수밖에 없다고 주장했다. 바꿔 말하자면 지적 호기심을 그만

둔다면 인간다움이 없어진다는 말이다.

이것이 바로 몽테뉴의 질문인 "Que sais-je(쿠세쥬)?"이다. 쿠세쥬는 "내가 무엇을 알고 있는가?"라는 의미다. 방대한 독서를 하고, 남다른 지성을 갖췄음에도 몽테뉴는 마지막까지 이렇게 끊임없이 질문했다. 그리고 결코 안이하게 자신의 외부에서 답을 찾으려 하지 않고, 자신의 내부에서 답을 찾고자 애썼다. 그렇게 함으로써 인간의 비판력을 계속해서 시험한 것이다.

몽테뉴가 다양한 주제에 대한 사색의 결과를 정리한 것이 그 유명한 저서 『에세』이다. 에세는 에세이(수필)의 어원으로, '시험하다'라는 의미의 프랑스어 'essai'에서 온 말이다. '인간의 지성은 항상 시험대에 오른다'라는 의미인지도 모르겠다.

몽테뉴의 쿠세쥬, 이렇게 활용해 보자

Q. 정답이 없는 질문에 대해 생각할 때는 어떻게 해야 할까?

A. 예전에는 이럴 때 책을 조사했지만, 지금은 인터넷을 조사하거나 AI에 물어보곤 한다. 금세 답을 찾지 못하면 관련된 키워드를 검색해서 어떻게든 답을 찾아내고자 할 것이다. 하지만 애당초 정답이 없는 질문이므로 아무리 찾아도 헛수고다. 가장 중요한 것은 자신이 어떻게 생각하는지를 파악하는 것이다. 뇌가 저장한 정보의 서랍에서 그리고

과거의 경험 속에서 비슷한 일이 없었는지 떠올려 보자. 그렇게 시행착오 끝에 답을 찾아내고, 다른 사람과 논의하며 음미한다. 결코 완벽하다고는 할 수 없겠지만, 그것이 인간으로서 답을 찾아내는 올바른 방법이 아닐까?

062

'권리는 방치하는 편이 낫다'라고 생각해 보자

홉스의 '리바이어던'

16~17세기 유럽에서는 왕권을 신이 부여한 정통적 지배권이라고 여기는 '왕권신수설' 하에 왕들은 절대적인 권력을 원하는 대로 부릴 수 있었다. 이른바 '절대왕정 시대'였다.

그런 중에 영국의 철학자 토머스 홉스$^{Thomas\ Hobbes}$(1588~1679)는 '사회는 민중을 위해서 존재한다'라는 논리를 발전시켰고, 『리바이어던』이라는 책을 통해 근대국가 성립의 체계를 제안했다.

'리바이어던'이란 『구약성서』에 등장하는 바다의 괴수다. 홉스는 이 리바이어던이 절대적인 권력을 상징하게 함으로써 절대왕정에 대항하고자 했다. 그리고 개인 간의 계약을 통해 이 절대적인 권력의 논리를 형성했다. 그렇게 하면 민중 한 사람 한 사람이 절대적인 권력의 토대가 될 수 있었기 때문이다. 이것이 홉스의 논리가 최초의 사회계약설이라고 불리는 이유다.

구체적으로 살펴보면 개인은 계약을 통해 주권자에게 자연권을 양도한다. 그 대신 주권자는 개인을 보호한다. 그 주권자가 왕이라고 해도, 이런 경우에는 절대왕정과 달리 국가 주권은 지배받는 사람들의 신임을 통해 성립하게 된다.

의외라고 생각할지도 모르겠지만, 권리를 방치하면 역설적으로 백성은 보호받기 쉬워진다. 당시 『리바이어던』의 표지에는 리바이어던이라고 여겨지는 무수한 개인들에게 추앙받은 옷을 입은 왕이 그려져 있었다. 우리가 살아가는 현대 국가도 이 리바이어던의 연장선에 있는 것이다.

홉스의 리바이어던, 이렇게 활용해 보자

Q. 직장에서 권리를 방치하는 편이 좋은 사례를 생각해 보시오.

A. 누군가를 신뢰하고, 더욱이 대중이 합의했다면 그 사람에게 일임하는 편이 효율이 높다. 권리를 방치해도 이는 그의 결정에 따른다는 의미에 불과하다. 이런 경우 문제는 일단 양도했음에도 불구하고, 나중에 불만을 터트리는 사람이 나온다는 점이다. 이런 부분은 규정 위반이며, 일임한 의미가 사라지게 되므로 원칙적으로 그런 행위는 인정하지 말아야 한다. 물론 그렇게 되지 않도록 사전에 철저히 논의해야 한다는 점은 말할 것도 없다.

063

자신이 '신의 일부'라고 생각해 보자

스피노자의 '범신론'

무신론자도 있겠지만 우리는 어딘가에 신이 있어 어떤 위대한 힘을 발휘한다고 믿는다. 나도 그렇다. 특정 신을 믿는다기보다는 나쁜 짓을 하면 벌을 받는다거나, 하늘이 지켜본다, 조상신이 지켜본다는 말처럼 어렴풋하게 신이라는 개념을 가지는 정도다.

일본의 토착 신앙인 신도神道에서는 800만 가지나 되는 신이 있다고 일컬어지듯이, 모든 사물에 신이 깃들어 있다는 사고방식이 널리 퍼져 있다. 이에 반해 서양에서는 기독교로 대표되는 일신교一神教가 일반적이다. 서양 사상사에서 이채異彩를 띠는 사상 가운데 하나가, 네덜란드 철학자인 바뤼흐 스피노자Baruch de Spinoza(1632~1677)가 주장한 '범신론'이다.

범신론은 '신이 모든 것에 깃들어 있다'라는 의미로, 언뜻 '신도'의 800만 가지 신이라는 사고방식과 유사해 보인다. 하지만 두 종교에는 커다란 차이가 존재한다. 범신론이란 신은 하나이며, 과거이 세상의 모든 것이었다는 발상이기 때문이다. 즉, 우리도 신의 일부라는 말이다.

대체 어떤 논리에서 이런 발상이 나온 것일까? 여기서 중요한 부분이 스피노자 사상의 핵심이기도 한 '실체론'이다. 스피노자는 신을 실체라고 여겼다. 실체는 존재하기 위해 자기 자신 외의 근거를 필요로 하지 않는다. 이처럼 참된 존재는 오직 유일신뿐이라는 주장이다. 즉, 모든 것의 근원은 신이므로, 그 외의 모든 사물은 신의 또 다른 표현일 뿐이라고 본다. 물론 우리 인간도 그 안에 포함된다.

신의 존재를 부정하지 않았음에도 불구하고 스피노자가 기존의 일신교도들로부터 무신론자로 오해받은 것도 이해는 된다. 모든 것이 신이라고 말하는 스피노자의 발상은 그 정도로 독특한 것이었다.

스피노자의 범신론, 이렇게 활용해 보자

Q. 자신이 신의 일부라고 생각하면, 삶의 방식은 어떻게 바뀔까?

A. 우리는 평소 신은 자신의 외부에 있다고 여긴다. 그러니 유한하고 약한 존재인 자신을 무한하게 강한 존재인 신이 지켜 준다고 믿는 것이

다. '힘들 때 신에게 기댄다'라는 말이 상징하듯 최후의 보루에 신이 있다고 믿으며 어떻게든 살아간다. 하지만 자신도 신의 일부라면, 더 이상 아무것도 두려울 것이 없다. 마음 편히 안심하며 살아갈 수 있게 될 것이다. 만약 지금은 곤경에 처해 있더라도, 반드시 내가 바라는 대로 어떻게든 되리라고 생각할 수 있을 것이다.

064

현명해지는 데는 '한계가 없다'라고 생각해 보자

헤겔의 '절대지 絕對知'

AI는 계속해서 발전하고 있다. 그렇다면 인간은 더 이상 AI를 이길 수 없는 걸까? 애당초 인간의 지성에는 한계가 존재하는 걸까? 인간은 평생 어디까지 현명해질 수 있는 걸까?

이때 근대 독일의 철학자 게오르크 빌헬름 프리드리히 헤겔 Georg Wilhelm Friedrich Hegel(1770~1831)이 용기를 북돋는 답을 준다. 헤겔은 무한대로 계속해서 성장한 인물이었다. 철학자로서는 늦게 꽃을 피웠지만, 마지막에는 최고 학부의 수장이 되었고, 위대한 철학 체계를 수립했으니 말이다.

헤겔은 저서 『정신현상학』에서 의식이 다양한 경험을 통해 발전하고, 최종적으로는 '절대지 絕對知'라는 단계에 도달하는 모습을 그려냈다. 형식적으로는 어디까지나 철학서다운 논리적인 글이지만, 마치 주인공이 모험을 통해 성장해 나가는 서사로도 읽힌다는 점이 특징이다.

구체적으로 살펴보면 의식은 '의식', '자기의식', '이성'이라는 단계를 통해 성장해 나간다. 이성에서 더 심화하여 '이성', '정신', '종교', '절대지'라는 단계로 승화된다. 지의 가장 낮은 단계인 '의식' 수준에서는, 자기 외에 다양한 대상이 존재함을 자각하고, 경험을 통해 이러한 자각이 삶에 필수적임을 이해하게 된다.

자신과 대상을 같은 것으로 인식하는 '이성'의 단계에 도달한 후에는 어디까지고 발전해 나갈 수 있다. 그러한 과정을 거쳐 마지막에는 모든 것을 꿰뚫어 볼 수 있는 '절대지'에 도달하게 된다. 이처럼 헤겔은 인간이 현명해지는 데는 한계가 없다는 점을 이론으로 명확화했다.

헤겔의 절대지, 이렇게 활용해 보자

Q. 만약 자신이 무한대로 현명해질 수 있다면 어떤 행동을 하게 될까?

A. 우리는 인생의 어느 지점에서 자신의 지성에 한계를 설정하곤 한다. 학교 성적이 나쁘다거나, 입시에 실패했다거나 하는 이유로 말이다. 하지만 사실 한계 따위는 없다. 그러니 만약 헤겔의 철학을 이해하고,

현명해지는 데는 한계가 없다는 사실을 깨달을 수 있다면 다시 노력할 수 있지 않을까? 지금은 리스킬링$^{re-skilling}$의 시대인만큼, 누구든 적극적으로 배움을 이어갈 수 있을 것이다. 배움은 자신감을 더 크게 키워 주는 행위이니 말이다.

065

'죽음이 절망보다 낫다'라고 생각해 보자

키르케고르의 '절망의 본질'

세상에서 사람들이 가장 두려워하는 것은 무엇일까? 보통은 죽음일 것이다. 그러나 반드시 죽음을 가장 두려워한다고 보기는 어렵다. 덴마크의 철학자 소렌 키르케고르 Søren Aabye Kierkegaard (1813~1855)는 '죽음보다 두려운 것이 절망'이라고 주장했다.

키르케고르는 죽음이 모든 것을 무無로 되돌리는 것은 아니라고 말한다. 예컨대 병에 걸린 아이를 걱정한다고 해 보자. 자신이 죽으면 그걸로 모든 걱정거리가 사라질까? 걱정은 사라진다 해도, 병에 걸린 아이는 계속해서 걱정거리로 남아 있을 것이다. 그래서 키르케고르는 절망적인 고뇌가 있다면 죽을 수조차 없다고 말한다. 죽음과 같은 고통을 맛보면서도 결코 죽을 수는 없는 상황, 그 자체가 절망이 아니라면 무엇이겠는가. 그렇다면 '절망의 본질'은 무엇일까? 바로 현실의 자신과 본래 자신 사이의 '괴리'라고 말한다. 본래 자신은 이런 모습이어야 한다는 이상과 좀처럼 가까워질 수 없을 때 절망이 생긴다.

하지만 절망을 극복하는 비결이 없는 것도 아니다. 바로 내 안에 존재하는 '이상'으로 눈을 돌려 보는 것이다. 사람은 이상을 품기 때문에 절망하지만, 동시에 이상이 절망을 극복하는 계기가 되기도 한다. 이상으로 눈을 돌릴 수 있다면, 다시 그 너머에는 희망이 존재한다고 여기게 될 것이다.

그런 의미에서 키르케고르는 절대 뒤돌아보지 않는 철학자가 아니라, 이상을 향해 나아가는 긍정적인 철학자였다. 키르케고르가 자신의 삶을 개척하는 데 앞장선 실존주의의 선구자로 여겨지는 것도 이러한 이유 때문이다.

키르케고르의 절망의 본질, 이렇게 활용해 보자

Q. **절망을 긍정적으로 인식해 보시오.**

A. 우리는 보통 절망을 부정적인 상태라고 여긴다. 그러나 키르케고르가 말했듯이 절망이 죽음보다 두렵다고 생각하면, 우선 죽음이 상대화되는 것처럼 느껴진다. 쉽게 말해, 죽음을 절대적인 끝이나 궁극적인 두려움으로 보는 것이 아닌, 그보다 더 근본적이고 깊은 문제가 있을 수 있음을 인식하는 것이다. 따라서 키르케고르는 절망 앞에서 죽음

조차 '차라리 낫다'라고 느껴질 만큼 절망의 고통이 더 깊고 근원적인 문제로 본다. 이렇게 깊은 절망은 자기 자신이 어떤 존재인지, 그리고 어떤 존재가 되어야 하는지를 진지하게 고민할 때 나타난다.

절망할 수 있다는 것 자체가 인간이 자기를 성찰할 수 있는 존재임을 드러내는 긍정적인 징후인 것이다. 기계는 절망하지 않는다. 절망은 의식 있는 존재만이 가질 수 있는 깊은 감정이자 사유이다. 게다가 절망하게 되는 이유가 이상을 품고 있기 때문이라고 생각해 보면, 그 이상을 향해서 나아가고 싶다는 마음이 생겨날지도 모른다.

066

'시간은 흐르지 않는다'라고 생각해 보자

베르그송의 '순수 지속'

시간의 흐름이 빠르다거나 느리다고 말하는데, 정말로 시간이 강물처럼 흐를까? 확실한 것은 시곗바늘은 앞으로 나아가고 있다는 점이다. 그 부분에 주목한다면 시간이 흐르는 것처럼 보일지도 모르겠지만, 실제로는 그렇지 않다. 시간의 본질을 고찰할 때는 프랑스 철학자 앙리 베르그송Henri Bergson(1859~1941)이 주장한 '순수 지속'이라는 개념을 참고해 볼 수 있다.

일반적으로 시간은 선을 그려 설명하듯이 시계열에서 양적으로 측정할 수 있다고 생각한다. '1분 경과, 1시간 기다렸다, 10시간 동안'이라고 말하듯이 말이다. 하지만 이는 시간을 분할하여, 우리의 외부에서 이해한 것에 불과하다. 베르그송은 이에 대해 "시간은 인간의 내부에서 생겨나 연속되는 것"이라고 말한다. 이것이 바로 '순수 지속'이라는 사고방식이다. 즉, 마음속에 있는 시간이야말로 참된 시간이라는 말이다. 따라서 분할은 불가능하다.

바꿔 말하자면, 시간의 순간순간은 각각 다르지만, 자신의 내부에서는 그 순간들이 이어지고 합쳐져, 일부분이 전체를 반영하는 듯한 형태로 존재하게 된다는 것이다. 즉, 시간은 멜로디와 유사하게 새로운 음이 더해지면 전체가 변하는 성질을 가진다고 말한다. 덧붙여지는 것이 아니라, 섞이는 것이다.

그렇게 되면 시간은 지나가는 것이 아니라, 과거도 미래도 현재도 모두 섞여 항상 거기에 존재하게 된다. 그러니 흘러가지 않는 것이다. 모든 것은 지금 여기에 있으며, 필요할 때 끌어오는 것뿐이다. 시계의 시간이 아닌, 의식의 시간이야말로 참된 시간이다.

베르그송의 순수 지속, 이렇게 활용해 보자

Q. 의식의 시간이 참된 시간이라면, 라이프 스타일은 어떻게 바뀔까?

A. 시계의 시간에 맞추지 않아도 된다면 자신이 그 사실을 인식하는 방법에 따라 시간의 길이가 변화할 것이다. 예컨대 일하는 시간도 그렇다. 일하는 데 걸리는 시간이나, 실제 체감하는 시간이 바뀐다는 말이다. 즉, 시계의 시간이나 세상의 시간에 얽매이지 않게 되면, 시계를 볼 일도 자연스레 줄어들 것이다. 그리고 시간은 공기처럼 보이지 않는 존재가 되어 우리 내부에 녹아들 것이다.

067

'다른 사람이 자신을 결정한다'라고 생각해 보자

레비나스의 '타자론'

자신과 다른 사람 중 누가 더 소중할까? 사람들은 대부분 '자신'이라고 답할 것이다. 우리는 늘 자신을 중심에 두고, 주변에 다른 사람들이 있다고 생각한다. 그리고 중요한 결정을 내리는 것도 결국 자신이라고 믿는다. 그러나 다른 사람, 즉 타자의 존재가 중심이라고 생각하는 철학자가 있다.

프랑스에서 활약했던 에마뉘엘 레비나스 Emmanuel Levinas(1906~1995)다. 레비나스는 인간의 존재는 타자와의 관계 속에서만 진정으로 이해될 수 있다고 주장한다. 그는 하나의 개인이 다른 사람을 '소유'하거나 '이해'하려는 태도 대신, 하나의 독립적인 존재로 존중해야 한다고 보았다. 우리는 어떻게든 다른 사람과 엮일 수밖에 없다. 그러니 레비나스는 "다른 사람을 중심에 두고, 우리가 그 다른 사람에게 무한한 책임을 지운다."라고 말한다. 자기중심일 때는 자신에게 무한한 책임을 지우듯, 다른 사람 중심일 때는 다른 사람에게 무한한 책임을 지게 한다는 이론이다.

레비나스는 이를 두고 다른 사람의 존재 자체가 '논리'라고 표현했다. 이른바 다른 사람 덕에 '나'라는 존재가 성립하므로, 다른 사람이야말로 인생의 기준이라는 말이다. 생각해 보면 우리는 다른 사람의 존재 없이는 살아갈 수 없다. 그렇기에 자신의 존재보다도 다른 사람의 존재가 앞선다고 생각한 것이다.

우리는 무심코 이러한 사실을 잊은 채 자기 내부로 들어오는 차이를 없애려고 한다. 이것이 얼마나 위험한 발상인지는 레비나스가 비판한 전체주의의 반성을 보면 알 수 있다. '전체주의'란 다른 것을 일절 인정하지 않는 사상이기 때문이다. 이 세상에는 자신과 다른 존재가 필요하다. 레비나스의 철학은 자기중심적인 현대사회를 되돌아보는 계기가 될 것임이 틀림없다.

레비나스의 타자론, 이렇게 활용해 보자

Q. 항상 자기보다 다른 사람을 우선한다면, 일상생활은 어떻게 바뀔까?

A. 일단 사람을 가장 중요시하게 될 것이다. 우리는 보통 자기 자신을 중요하게 생각하므로 다른 사람은 잘 보지 않는다. 그래서 곤란에 빠진 사람이 있어도 눈치채지 못하곤 한다. 아니, 눈치챘어도 모르는 척하

기도 한다. 아마도 다른 사람을 먼저 생각한다면, 이러한 태도는 고쳐질 것이다. 그리고 인간관계도 더 좋아지지 않을까? 사람은 자기중심적으로 살아가므로 다른 사람과 부딪히게 된다. 다른 사람을 우선하게 되면 충돌할 일이 적어질 것이 자명하다. 그 결과, 다른 사람과 사회에 더욱 이바지하는 새로운 자아상을 확립하게 될 것이다.

'지식은 도구'라고 생각해 보자

듀이의 '프래그머티즘'

우리는 왜 지식을 습득하는 걸까? 종종 입시 공부를 하면서 습득한 지식은 쓸모없다고 비판하기도 하는데, 그렇다면 무엇을 위해 공부하는 걸까? 정말로 지식은 쓸모없는 걸까?

이 문제를 고민하는 데는 미국 철학자인 존 듀이$^{John\ Dewey}$(1859~1952)의 '프래그머티즘^{pragmatism}'을 참고할 만하다. '프래그머티즘'이란 그리스어 프래그마^{pragma}에서 유래한 말로, '행위나 실천'을 의미한다. 이를 번역하면 '실용주의'라고 할 수 있다.

'실용주의'란 문자 그대로 실용성을 중시하는 철학이다. 이 얼마나 미국적인가. 어쨌든 듀이는 철학의 목적이 우리 일상을 풍요롭게 만드는 데 있다고 여겼다. 따라서 지식도 그 자체에 목적이나 가치가 있다기보다 인간이 환경에 대응하기 위한 수단이라고 인식했다.

바꿔 말하자면 모든 지식을 인간의 행동에 도움을 주는 도구로 인식했다는 말이다. 이러한 사상을 '도구주의'라고도 부를 수 있다. 도구주의 사상의 기초를 마련한 듀이는, 지식을 도구로 활용하는 방법을 확립하였다.

구체적으로는 ①탐구의 선행조건(불확실한 상황), ②문제 설정, ③문제 해결의 결정(가설 형성), ④추론, ⑤가설 실험이라는 단계를 거쳐야 한다고 말한다. 즉, 이러한 문제 해결 과정에서 지식을 활용하여 실제로 도움이 되게 한다는 발상이다. 심지어 이 과정은 현대 문제 해결형 교육의 원형이기도 하다.

듀이의 프래그머티즘, 이렇게 활용해 보자

Q. 지식이 도구라고 인식한다면, 무언가를 배울 때 우리의 자세에 어떠한 변화가 생길까?

A. 애초에 우리는 어디에 도움이 될지도 모르는 지식을 무턱대고 머릿속에 집어넣어 왔다. 만약 지식이 인생에 도움이 되는 도구라고 실감한다면, 배움이 더욱 즐거워질 것이다. 배운 지식을 어떻게 응용할지 고민하는 적극적인 자세로 바뀔 테니 말이다. 그러면 배움의 양도 늘어나지 않을까? 어쨌든 공부는 재미없고 지겹다는 부정적인 인식을 단숨에 바꿀 수 있을 듯하다.

'미개 문명이 오히려 뛰어나다'라고 생각해 보자

레비스트로스의 '야생의 사고'

우리는 무심코 문명사회가 미개 사회보다 우월하다고 생각하기 쉽다. 하지만 정말로 문명사회가 더 우월할까? 이러한 의문에 참고할 만한 것이 프랑스 문화인류학자인 클로드 레비스트로스 Claude Lévi-Strauss(1908~2009)의 '야생의 사고'다.

레비스트로스는 미개인들의 '야생의 사고'가 저급하거나 단순하다거나 하는 차원의 문제가 아니라, 그저 발상이 다를 뿐이라고 말한다. 예컨대 이는 '브리콜라주 bricolage'라는 개념을 통해 잘 드러난다. 브리콜라주는 현대를 상징하는 학문의 발상과 정반대이기 때문이다.

'브리콜라주'란 바로 눈앞의 재료를 조합하여 창의적 궁리를 통해 작품을 만들어 내는 것을 의미한다. '손재주'라고 번역되기도 한다. 이에 반해 근대과학적 사고는 미리 정해진 전체적인 계획에 따라 조달된 부품을 사용하여 제품을 조합할 뿐이다.

그 대표적인 사례가 취미 목공인데, 있는 재료를 조합하여 적당하게 만들다 보면 의외로 멋진 작품이 완성되곤 한다. 그런 의미에서는 브리콜라주가 우월하다고 볼 수 있다. 브리콜라주의 사례에서 알 수 있듯이, 지금까지 미개 사회의 조야한 발상에 지나지 않는다고 여겨졌던 야생의 사고가 알고 보면 근대과학처럼 합리적이라고 지적한 점이 획기적이다. 물론 레비스트로스는 야생의 사고가 훨씬 우월하다고 하지도, 야생의 사고가 현대 과학을 대체해야 한다고 하지도 않았다. 다만 두 가지의 다른 사고방식을 상황에 맞춰 잘 활용해야 한다는 의미다. 어느 쪽이건 장점이 있으니 말이다.

레비스트로스의 야생의 사고, 이렇게 활용해 보자

Q. 야생의 사고가 가진 장점을 일상생활에서 어떻게 활용할 수 있을까?

A. 애당초 우리는 설계도나 취급설명서에 너무 많이 의지한다. 야생의 사고는 설명서를 버리고, 문자 그대로 야생의 감으로 살아가기를 권한다. 바꿔 말하면 본능적으로 살자는 의미가 아닐까? 예상치 못한 사건이나 재해가 발생하면 설명서에 의지하지 않는, 야생의 사고를 바탕으로 하는 임기응변이 더욱 도움이 되기도 한다. 평소 비상사태에 대비하여 야생의 사고를 의식하고 훈련하기를 추천한다.

070

'답을 유보하는 편이 낫다'라고 생각해 보자

키츠의 '부정적 수용 능력'

우리는 어떻게든 답을 찾으려 한다. 답을 찾지 못하면 어딘가 찜찜하기 때문이다. 하지만, 이 불확실한 시대에서 모든 답을 찾아내기란 쉽지 않다. 그래서 불안해하고, 그 불안을 해소하기 위해 또 다른 해답을 찾아다니는 악순환이 계속된다. 이때 참고할 만한 것이 19세기 초반 영국 낭만주의 시인인 존 키츠John Keats(1795~1821)가 주장한 '부정적 수용 능력'이다.

애당초 키츠는 '시인이나 작가는 부정적 수용 능력을 갖춰야 한다'고 주장했다. '부정적 수용 능력'이란 불확실한 것이나 해결되지 않는 것을 그대로 수용하는 능력을 말한다.

급하게 어설픈 답을 찾아내기보다는, 이러한 태도를 견지하여 참된 정답을 도출하기 위해 더 많은 가능성을 남겨 두는 상태를 유지해야 한다는 말이다. 시나 소설 등에 나타나는 문학적 표현에는 적확한 표현보다는 그러한 가능성, 즉 여운이 남아 있을수록 좋다.

이러한 태도는 문학은 물론, 모든 분야에 적용된다. 실제로 부정적 수용 능력은 현대에 들어 정신의학 등에도 필요하다. 불확실함에도 무리하여 도출해낸 답이 옳다고 보기는 어려워진 것이다.

그렇다면 더욱 고민할 필요도 없이 불확실성을 그대로 수용하는 편이 낫다. 심지어 이런 경우에는 사태가 확실시되면 다양한 가능성 중에서 진실로 올바른 선택을 할 여지가 남아 있다는 장점도 있다.

키츠의 부정적 수용 능력, 이렇게 활용해 보자

Q. 부정적 수용 능력을 발휘하여 비판을 유보하는 편이 나은 사례를 생각해 보시오.

A. 예컨대 일이 잘 풀리지 않을 때, 이 일을 어떻게 해결할 것인지 빨리 정하지 않는 편이 낫다고 생각한다. 앞길이 보이지 않을수록 부정적 수용 능력을 발휘해 선택을 유보한 채 일상을 보내보자. 그렇게 하다 보면 언젠가 자연스럽게 결정하고 싶어지는 순간이 올 것이다.

또는 세상이 혼란할 때도 그렇다. 시대가 변화하려 할 때 기존 가치관으로 사물을 비판하려 하면 우를 범할 가능성이 있다. 그럴 때는 부정적 수용 능력을 발휘하는 것이 현명한 선택이 될 것이다.

'인터넷이 세상을 편협하게 만든다'라고 생각해 보자
선스타인의 '인포메이션 코쿤'

일반적으로 인터넷은 세상을 넓혀준다고 여긴다. 언제 어디서나 새로운 사람이나 정보와 연결해 주기 때문이다. 그러나 미국의 법학자 캐스 선스타인$^{Cass\ R.\ Sunstein}$(1954~)은 반드시 그렇지만은 않다고 주장한다.

선스타인은 '인포메이션 코쿤$^{information\ cocoon}$'이라는 개념을 통해 인터넷의 문제점을 지적한다. '인포메이션 코쿤'은 '정보의 고치'라는 의미다. 이는 특정한 정보에 둘러싸인 채로 그 안에서 쾌적하게 지내고자 하는 모습을 비하하는 말이다.

사람들은 SNS를 필두로 한 인터넷 기술 덕에 자신만의 인포메이션 코쿤에 둘러싸여 있다. 확실히 자신에게 적합한 정보만으로 둘러싸여 있으면 마음 편히 지낼 수 있을 것이다. 하지만 선스타인은 그것이 바로 '민주주의의 위기'라고 지적한다.

민주주의를 유지하기 위해서는 자신과 다른 견해를 인지하고, 타인의 가치관을 이해하여, 함께 경험을 나누는 과정이 필요하다. 인포메이션 코쿤은 그러한 경험을 불가능하게 만든다.

이때 선스타인은 다양한 방법을 제안한다. 예컨대 정치적 견해를 게재할 때는 반대 의견의 링크를 덧붙이거나, 자신의 기존 사고방식으로는 접하기 어려운 기사를 우연히 접하게 만드는 '세렌디피티 버튼 serendipity button(뜻밖의 발견을 하게 만드는 버튼)'을 화면에 배치하는 방법 등이 있다.

선스타인의 인포메이션 코쿤, 이렇게 활용해 보자

Q. 인포메이션 코쿤에서 탈출하는 방법을 생각해 보시오.

A. 인포메이션 코쿤에 갇혔다는 사실을 스스로 깨닫기란 좀처럼 어렵다. 따라서 인포메이션 코쿤에서 빠져나오고 싶다면 반드시 다른 사람의 시점에서 바라볼 수 있어야 한다. 인터넷 외부에 존재하는 현실 세계로 가면 지적해 줄 만한 다른 사람들이 존재한다. 하지만 애당초 인터넷 외부로 나가려 하지 않는다는 점이 문제이므로, 인터넷상에서라도 일부러 자신과 다른 의견을 찾아보거나 흥미가 없는 분야라도 가능하면 주목해 보려는 마음가짐을 가져야 한다.

'돈 따위는 모으지 않는 편이 낫다'라고 생각해 보자

지멜의 '돈의 철학'

　누구나 돈을 모아야 한다고 생각할 것이다. 하지만 독일 철학자 게오르크 지멜Georg Simmel(1858~1918)은 반드시 그렇지는 않다고 주장했다. 지멜은 돈이란 궁극적인 가치로 가는 다리에 불과하다고 말했다. 즉, 돈 자체가 목적이 아니라, '돈을 어떻게 사용하는가'가 중요하다는 의미다. 지멜은 이 점에 대해 "어차피 인간은 다리 위에서 살 수 없다."라고 말했다. 이 말은 '돈은 다리와 마찬가지로 자신이 가고 싶은 곳에 가기 위한 도구에 지나지 않는다'라는 의미다. 그러니 다리가 아무리 많아도 우리는 다리 위에서 살아갈 수 없다. 언젠가는 다리를 건너야만 한다.

　또한, 지멜은 돈을 '정신적인 것을 담는 그릇'이라고도 표현했다. 정신을 활발하게 활동시키려면 마땅한 그릇이 필요하다는 의미다. 그러고 보면 마음으로 뭔가를 호소하고 싶어도, 마음에 물리적인 형태가 없다면 표현하려 해도 방도가 없다.

예컨대 아주 맛있는 음식을 대접받았다고 해 보자. 그 음식에 대한 감사를 표현하고 싶을 때 상대방에게 돈을 건네거나 멋진 물건을 사서 감사를 표현할 수 있다면 아주 편리할 것이다. 자신의 마음을 전할 수 있어서 기쁘고, 상대방도 만족하게 될 것이다. 즉, 돈의 가치에는 바로 우리의 기분이나 마음이 반영된다.

결국, 돈을 모으는 행위 자체에는 어떤 의미도 없지만, 모은 돈으로 무엇을 표현하는가 하는 목적 자체는 중요하다.

지멜의 돈의 철학, 이렇게 활용해 보자

Q. **돈을 '다리'라고 하면 돈과 어떤 관계를 맺어야 할까?**

A. 돈이 다리 같은 수단이라면 그저 돈을 모으거나 절약만 하기보다, 우선 무엇을 하고 싶은지와 같은 목적 중심의 사고를 하게 될 것이다. '돈을 사용하여 무엇을 이루고 싶은가'와 같은 것이다. 그것은 필연적으로 자신을 향한 소중한 기회가 된다. 돈을 소유하는 것 자체를 목적으로 삼으면 자기 자신을 볼 수 없게 되지만, 돈은 그저 목적지로 향하는 다리일 뿐이라고 생각하면 자기 자신과 마주할 수 있다.

'SNS에 이용당하고 있다'라고 생각해 보자

한병철의 '정보의 지배'

　우리는 SNS를 이용하고 있는 걸까, 아니면 SNS에 이용당하고 있는 걸까? 독일에서 활약하는 철학자 한병철(1959~)의 '정보의 지배'라는 개념을 이해하면 이러한 문제를 생각하는 데 힌트를 얻을 수 있다.

　한병철은 "현대 민주주의가 정보의 지배하에 존재한다."라고 주장한다. '정보의 지배'란 정보와 데이터를 통해 사람들이 지배받는 상태를 가리킨다. 예컨대 우리가 인터넷에서 SNS를 포함한 다양한 정보를 통해 영향받는 일을 말한다.

　더 큰 문제는 우리가 스스로 자유롭게 정보를 취득할 수 있다고 믿고, 이를 실천하고 있다는 점이다. 그러니 쉽게 지배당하는 것이다. 이러한 메커니즘은 매우 교묘하다. 대부분 스스로 정보를 취득할 수 있다고 생각하며, 가능한 많은 정보를 얻으려 여러 곳에 접속한다. 어차피 대부분의 인터넷 정보가 무료이니 말이다. 그리고 스스로 취한 정보만을 음미하게 된다.

하지만 우리가 아무리 많은 정보를 취하더라도 '정보의 근원'에 도달할 수는 없다. 한병철은 정보는 계속해서 흘러가기 때문에 하나의 정보와 마주해 계속해서 생각할 여유가 없다고 말했다. 물론 대화를 나누는 시간도 가질 수 없다.

그 결과, 우리는 다른 사람의 목소리를 들을 기회도 빼앗기고, 편향된 정보에 휘둘리게 된다. 이것이 정보의 지배가 가져올 결말 중 하나다.

한병철의 정보의 지배, 이렇게 활용해 보자

Q. 정보의 지배와 음모론의 관계에 대해 생각해 보시오.

A. 정보의 지배는 많은 정보를 제공함으로써 사고의 기회를 부여하지 않는다는 점이 특징이다. 요즘 불안을 부추기는 음모론이 확대되는 이유도 정보의 지배와 무관하지 않은 것으로 보인다. 음모론은 조금만 생각해 보면 이상한 점이 한두 가지가 아니다. 하지만 의심하지 않는 수많은 사람이 편협한 정보에 지배당해 무한히 퍼뜨리고 있다. 정보

의 지배로 인해 사고의 기회가 없어지면, 무엇이든 그대로 삼켜버리고 만다. 음모론의 대상은 사고하지 않는 사람들이다. 그런 의미에서 정보의 지배와 음모론이라는 두 가지 현대적 현상은 공범 관계라 해도 과언이 아니다.

074

'욕망은 누군가를 흉내 내는 것에 불과하다'라고 생각해 보자

지라르의 '욕망의 삼각형'

욕망은 어디서 생겨나는 걸까? 우리는 평소 자신의 내부에서 욕망이 발현된다고 생각한다. 하지만 정말로 그럴까? 프랑스의 사상가 르네 지라르^{René Girard}(1923~2015)는 우리가 어떤 대상에 대해 직접적인 욕망을 갖기보다, 그 대상을 원하는 다른 사람을 모방하여 '타자'라는 매개를 거침으로써 욕망을 가진다고 말했다. 그리고 이러한 자신, 타자, 대상 사이에 형성된 관계를 '욕망의 삼각형'이라고 부른다. 즉, 무언가를 직접 원하는 것이 아니라, 누군가 그것을 가지고 있으니 나도 갖고 싶다는 욕구가 생긴다는 말이다. 친구가 가진 물건을 원하거나, SNS에서 불특정 다수가 만족스럽게 사용하는 모습을 보며 욕망이 생겨나는 것처럼 말이다.

다만 욕망의 대상이 하나밖에 없어서 누군가와 경쟁해야 할 때는 경쟁 관계가 형성되고 만다. 그 전형적인 사례가 '같은 사람'을 친구와 동시에 좋아하게 되는 경우다. 지라르는 이런 상황을 '내적 매개'라고 부른다.

물론, 무엇이건 다른 사람과 경쟁하게 되는 것은 아니다. 단순하게 다른 사람을 모델로 삼고 그 삶의 방식을 동경할 때는 문제가 생기지 않는다. 이런 상태를 '외적 매개'라고 부른다.

모든 욕망은 다른 사람을 모방한다는 점을 깨닫는다면, 욕망을 제어하기 쉬워지지 않을까? 원인을 알 수 없는 욕망은 고통의 원인이 된다. 하지만 자신이 어째서 그런 욕망을 품고 있는지 이해하게 되면, 대처할 방법이 보일 것이다.

지라르의 욕망의 삼각형, 이렇게 활용해 보자

Q. 다른 사람을 모방하고 싶은 마음에서 욕망이 생겨난다는 사실을 깨닫는다면, 이후의 인생은 어떻게 바뀔까?

A. 다른 사람이 가진 것을 부러워하는 일은 흔하다. 그런 마음이 당연하다는 사실을 깨닫는다면, 더욱 마음을 열고 순수하게 흉내 내지 않을까? 또한, 누군가와 같은 것을 욕망하는 상태를 잘 활용하여 같은 취미를 가진 동료와 친분을 나눌 수도 있을 것이다.

075

'희망은 단념하는 것'이라고 생각해 보자

미키 기요시의 '희망'

"여러분은 '희망'을 품고 살아가고 있습니까?"

이런 질문을 받으면 자신에게 희망이란 무엇인지 생각해 보게 된다. 그렇게 인간은 자신의 희망을 찾지만, 발견하기란 좀처럼 쉽지 않다. 희망은 찾는 것이 아니라, 오히려 단념하는 것이기 때문이다.

이렇게 역설적으로 표현한 사람은 바로 일본의 철학자 미키 기요시三木清(1897~1945)이다. 미키는 희망을 '형성력'이라고 표현했다. 즉, 희망을 형성하면서 살아가는 것이 인간이라는 의미다. 그런 의미에서 살아간다는 것은 희망을 품는다는 말과 같다고 할 수 있다.

그렇다면 대체 어떻게 해야 사람이 희망을 형성할 수 있을까? 바로 미키의 사상적 근본에 존재하는 '구상력'이라는 개념에 주목하면 쉽게 이해할 수 있다. 미키는 구상력이 로고스(논리)와 파토스(감정)의 근원에 존재하며, 이 두 가지를 통일한 형태를 만드는 움직임이라고 말한다.

인간이 때로는 이성적으로 사고하면서도, 때로는 감정에 휩쓸려 무언가를 욕망하는 행위가 바로 구상력이다. 그렇기에 희망을 형성할 때도 우리는 우선 감정에 휩쓸려 돌진하는 동시에, 이성적으로 사고하며 현실적으로 변화한다. 미키는 그런 과정을 '단념한다'라고 역설적으로 표현했다.

분명히 우리는 손에 들어오지 않는 것을 단념해야만 앞으로 나아갈 수 있다. 현실적으로 생각해서 포기하는 것이다. 하지만 포기함으로써 정말로 원하는 것이 무엇인지 명확하게 알 수 있게 된다. 그저 타협하는 것이 아니라, 절대 이것만은 포기할 수 없는 것이 무엇인지 말이다. 현실을 살아가는 우리는 그렇게 희망을 손에 넣을 수밖에 없다.

미키 기요시의 희망 철학, 이렇게 활용해 보자

Q. 단념하는 것이 희망이라면, 어떤 행동을 해야 할까?

A. 우선 지금 하는 많은 일을 가지치기해야 할 것이다. 즉, 필요한 일과 불필요한 일을 분석해야 한다는 말이다. 그렇게 점차 하나로 귀결하

게 될 것이다. 그 결과 마지막에 남는 것이 바로 자신의 희망이 된다. 물론 지금 바로 그 마지막 한 가지를 선택하기란 어려울 것이다. 하지만 자신에게 무엇이 최후까지 남아 있는 희망인지를 깨닫기만 한다면 앞으로 걸어갈 인생의 방향성이 명확해지지 않을까?

076

메타버스가 '현실 세계'라고 생각해 보자

차머스의 'Reality+'

　인터넷에 구축된 3차원 가상공간인 메타버스. 그 가능성은 계속해서 넓어지고 있다. 마치 또 다른 세계에서 살아가듯이 우리는 메타버스에서 다른 인생을 살 수도 있다.

　하지만 과연 정말로 그럴까? 오스트레일리아 출신의 철학자 데이비스 차머스^{David John Chalmers}(1966~)는 한발 빠르게 메타버스를 철학의 주제로 삼고, 그 본질에 다가서고 있다. 차머스는 'Reality+(리얼리티 플러스)'라는 개념을 주장하며, 메타버스는 현실과 가상현실의 세계를 일체화시킨 것이라고 말한다.

　즉, 인간이 현실을 살아가듯이, 아바타로서 가상공간에서 살아갈 수 있다는 말이다. 이로써 현실과 가상현실을 구별하지 않는다. 차머스의 사상을 한마디로 표현하면 '가상공간은 참된 현실이다'라고 할 수 있다. 메타버스라는 이름의 또 다른 현실 세계를 손에 넣는 것과 같다. 실제로 메타버스에서 물건을 사면 현실 사회에서 청구되니 아주 비현실적인 이야기는 아니다.

더욱이 현실과 다르지 않다고는 하지만, 차머스는 인간이 더 큰 가능성을 발휘할 수 있는 여지가 메타버스에 있다고 기대한다. 예컨대 다리를 다쳐 몇 달간 누워있어야만 하는 처지라도 의식만 있다면 아바타로서 메타버스 안에서 자유롭게 뛰어다닐 수 있다. 그런 메타버스의 긍정적 측면과 부정적 측면을 자세히 살펴본 뒤에 우리의 새로운 세계를 구축해 나갈 필요가 있다.

차머스의 Reality+, 이렇게 활용해 보자

Q. 메타버스에서 살아간다면 어떤 마음가짐이 필요할까?

A. 차머스가 말했듯이 메타버스가 현실의 연장선에 있고, 현실과 크게 다르지 않다고 하면 우리는 더욱 신중해져야 한다. 가상공간을 현실 도피의 장소라고 여기며 꿈속에서 일어난 일처럼 받아들이면 위험하기 때문이다. 오히려 해외여행처럼 현실 선상에 존재하는 비일상으로 인식해야 한다. 자기 행동을 제대로 책임질 수 있도록 말이다. 그 점에 대해서는 현실 사회와 똑같다고 할 수 있다. 예컨대 자신의 현실적 상황을 잊은 채 과하게 쇼핑한다거나, 아바타라는 이유로 다른 사람에게 해를 가해서는 안 된다는 말이다.

077

인간을 '기계'라고 생각해 보자
트웨인의 '인간기계론'

인간은 종종 기계와 달리 '살아 있는 신체를 가진 존재'라고 일컬어진다. 하지만 미국의 작가이자 사상가인 마크 트웨인^{Mark Twain}(1835~1910)은 그런 인간관계에 이의를 제기한다. 마크트웨인은 우리에게 『톰 소여의 모험』을 쓴 작가로 널리 알려져 있다.

실제로 트웨인은 인생이나 인간에 대해 탁월한 에세이를 남긴 사상가이기도 하다. 트웨인의 에세이인 『인간이란 무엇인가?』는 철학적 작품이라고 할 정도다. 트웨인은 이 작품 속에서 '인간기계론'을 주장한다. '인간은 기계와도 같아서 자기 의지나 노력으로는 어찌할 수 없는 일이 존재하기 마련이며, 외부 세력에 영향을 받아 움직이는 존재'라는 말이다.

따라서 그런 인간의 업적을 칭찬해도 의미가 없다고 말한다. 스스로 한 일이 아니기 때문이다. 이런 점은 '비관적 인간관'이라고도 불리는데, 어떤 의미에서는 본질을 꿰뚫은 듯하다.

그렇지만 같은 환경과 조건에서 이뤄낸 성과에 차이가 있다면, 생산성이 높거나 뛰어난 성과를 올린 쪽을 더 높게 평가해야 한다고 생각하곤 한다. 이에 대해 트웨인은 만약 생쥐나 인간학자가 원리, 기능, 과정 측면에서 둘 다 동일하다면, 인간이 '그 자체로서의 우수함'을 주장할 자격은 없다는 것이다.

같은 인간끼리라면 더욱 그렇다. 인간은 누구나 존엄한 존재이며, 과거 트웨인이 말했듯 외적인 힘으로 결과에 차이가 생길 뿐이라면 거기서 우열을 따지는 자체가 잘못된 일이기 때문이다.

트웨인의 인간기계론, 이렇게 활용해 보자

Q. **인간이 기계와 같다면 어떤 장점이 있을까?**

A. 인간이 기계와 같다면 의지나 노력 같은 사고방식은 의미가 없어지므로 인간을 평등하게 평가하게 될 것이다. 성능이 다른 것은 그 사람 탓이 아니라, 기계를 만든 쪽의 탓이기 때문이다. 이에 따라 인간이 인간을 함부로 평가하는 잔인하고도 무자비한 시선은 사라질 수 있다는 장점을 예측해 볼 수 있겠다.

078

기록보다 '기억이 중요하다'라고 생각해 보자

비코의 '토피카'

지금은 무엇이건 기록할 수 있는 시대다. 그만큼 기록하기 위한 매체가 발전했다. 특히 스마트폰은 우리의 가장 가까운 곳에 존재하는 기록 매체라 해도 좋은 정도다. 사진이나 영상을 높은 품질로 보존할 수 있게 하기 때문이다.

하지만 과연 기록 기술이 발전하는 일이 인간에게 좋을까? 이 문제에 대해 생각해 보기 위해서는 17세기에서 18세기에 걸쳐 활약한 이탈리아의 철학자 지암바티스타 비코Giambattista Vico(1668~1744)를 참고해 볼 만하다. 비코는 '판단'을 중시하는 학문 방법이자, 당시 지배적인 위치에 있었던 크리티카보다 '발견'을 중시하는 학문 방법인 '토피카'가 우위에 있다고 주장했다.

비코는 애당초 "학문은 발견에서 시작한다."라고 주장하며 이를 '새로운 배움'이라고 불렀다. 그 발견을 가능하게 하는 것은 기억임이 틀림없다. 멀리 있는 것을 불러내어 수중에 있는 것과 연결한다. 발견하기 위해 기억을 활용하는 것이다.

따라서 비코는 기억은 단순히 머릿속에 저장된 사물을 불러내는 것이 아니라, 사물을 탄생시키는 '구상력'이라고 말했다. 그렇게 생각하면 기록을 위한 기술 발전을 손 놓고 기뻐하고 있을 수만은 없다. 이는 곧 구상력의 퇴보를 의미하니 말이다.

확실히 스마트폰을 사용하면 아이디어나 답은 빠르게 검색해 낼 수 있을지는 모르겠지만, 이는 구상력이 아닌 스마트폰에 판단을 양도하는 것에 불과하다. 그렇게 되면 비코가 비판했던 크리티카에게 또다시 우위성을 양도하는 결과가 될 것이 분명하다.

비코의 토피카, 이렇게 활용해 보자

Q. 기억이 기록보다 중요하다면 일상에서 어떤 변화가 일어날까?

A. 예컨대 예쁘다고 생각했던 풍경이나 재미있다고 생각한 사건을 바로 스마트폰으로 촬영하는 것이 아니라, 우선 기억에 남기고자 할 것이다. 다만 기억은 사라질 테니, 잊지 않기 위해 다른 사람에게 이야기하면서 때때로 떠올리려 하지 않을까? 그렇게 일상에서 뇌를 더 많이 사용하는 방향으로 변화할 듯하다.

079

'젊음은 격렬함으로 손에 넣을 수 있다'라고 생각해 보자

가르시아의 '격렬한 삶'

젊음을 손에 넣으려면 어떻게 해야 할까? 미용성형을 하거나 건강보조식품을 섭취하는 사람도 있지만, 역시 가장 중요한 것은 '마음가짐'이다.

그렇다면 대체 어떤 마음이어야 젊음을 유지할 수 있을까? 이 질문에 대해 생각해 보기 위해서는 현대 프랑스의 기예 철학자 트리스탕 가르시아 Tristan Garcia(1981~)의 사상을 참고할 만하다.

가르시아는 '치열함'이라는 말에 주목했다. 그리고 이 말을 근대 이후 인간의 논리, 이른바 올바른 지침으로 삼으려 했다. '치열함'이란 가르시아의 비유에 따르면 근대에 등장한 전기 같은 힘을 말한다. 우리가 언제까지고 젊음을 유지하기 위해서는 그런 치열함이 필요하다는 것이다.

문제는 어떻게 해야 치열함을 손에 넣을 수 있는가다. 여기서 가르시아는 윤리로서의 치열함을 실행하기 위해 세 가지 책략을 제시한다.

첫 번째는 '변이'다. 가르시아는 음악의 강약을 활용하여 설명한다. 우리의 모든 경험에는 음악과 같은 강약이 존재한다. 매일 같은 일만 반복한다고 해도 그 정도는 조금씩 다를 것이다. 그 강약의 세세한 변화를 주목하면 삶에 강인함이 생겨나게 된다.

두 번째는 '가속'이다. 기술을 보면 명확하게 알 수 있듯 인생도 사회도 속도가 붙으면 강도가 증가하게 된다. AI로 인해 사회의 발전이 가속화되는 것도 그 증거라고 할 수 있다. 천천히 살면 안 된다는 말이다.

세 번째는 '첫 체험 신앙'이다. 이 말은 가르시아가 만들어 낸 말로, 첫 경험에 가치를 부여하는 사고방식이다. 어떤 일이건 첫 경험은 인상에 깊이 남는 법이다. 그 강렬함을 이용하자는 말이다.

위의 세 가지를 의식하며 살아간다면 언제까지고 젊음을 유지할 수 있을 것이다.

가르시아의 격렬한 삶, 이렇게 활용해 보자

Q. 구체적으로 어떤 일상을 보내면 치열하게 살아갈 수 있을까?

A. 가르시아가 말한 세 가지 책략을 일상에서 실천하면 좋을 것이다. 우

선 변이에 대해서는 일기 등을 통해 매일의 루틴 속에서 어떤 변화가 일어나는지 의식적으로 발견하려고 노력해야 한다. 다음으로 가속에 대해서는 시간을 정하여 어떤 일을 빠른 속도로 수행하는 습관을 들이면 좋다. 마지막으로 첫 체험 신앙에 대해서는 새로운 일에 대한 도전을 점차 늘려나가기를 추천한다.

080

'무작정 정부를 따르는 것은 위험하다'라고 생각해 보자

웨스트의 '행동철학'

필자가 일본인이기에 일본인에 관한 이야기를 잠시 하겠다. 일단 일본인은 정부를 따르면 딱히 문제는 없으리라 생각한다. 코로나19 팬데믹 중에 있었던 긴급사태 선언 발령(코로나19 감염 확산을 막기 위한 일본 정부 주도의 명령으로 개인의 외출 자제, 주요 시설 운영 제한 등에 관한 내용이 포함됨. 국내의 사회적 거리 두기와 유사함) 때도 그랬다. 하지만 정말 그럴까? 코로나 19 팬데믹 상황을 대처하는 방안 또한 정부의 방침이 모두 옳았다고 보기는 어렵다.

정부는 신이 아니기에 당연히 오류를 범한다. 이때 참고할 만한 것이 미국 철학자인 코넬 웨스트Cornel West(1953~)의 사상이다. 웨스트는 미디어에 적극적으로 발언할 뿐 아니라 공중파 방송에도 출연하는 친숙한 지식인이다.

지금까지 웨스트는 인종 문제나 민주주의 문제를 논하거나,

직접 시위에 참여하여 저항 활동으로 체포되는 등 꽤 과격하게 행동하는 철학자로 활약해 왔다. 그런 웨스트는 이상한 일에 맞서기 위해서는 '파레시아parrhesia'와 '파이데이아paideia'가 필요하다고 주장한다.

이 두 가지는 모두 고대 그리스의 철학 용어로, 웨스트의 '행동철학'을 특징짓는 개념이라 할 수 있다. '파레시아'란 '위험을 무릅쓰고 진리를 말하는 용기'를 가리키며, '파이데이아'란 비판적 능력을 기르는 교육을 가리킨다. 이 두 가지는 자전거의 두 바퀴처럼 항상 동시에 추구해야 한다고 생각한다.

용기를 내어 진리를 말하기 위해서는 평소 비판적 능력을 길러야 하는데, 반대로 용기를 내어 진리를 말하는 사람이 있어야 비로소 비판적 능력을 기르는 교육을 할 수 있다. 일본인이 무심코 정부를 따르게 되는 이유는 비판적 능력을 기르는 교육이 부재하기 때문일 것이다. 이 혼란한 시대에 정부가 모든 것을 제어할 수 있을 리가 없으므로, 이상한 일은 이상하다고 주장할 수 있는 비판적 능력을 익혀 두어야 한다.

웨스트의 행동철학, 이렇게 활용해 보자

Q. 새로운 팬데믹이 발생한다면 정부의 모든 지시를 따를 것인가?

A. 웨스트가 말하는 파레시아와 파이데이아의 의의를 깨닫고 나면 정부의 모든 지시를 따르는 것이 반드시 옳지만은 않다고 생각하게 된다. 적어도 무엇이 옳은지 검토한 다음, 자기 나름대로 비판할 수 있어야 한다. 적어도 그런 능동적인 자세를 가져야 어떠한 상황에서도 자신의 몸을 제대로 지킬 수 있다.

081

'성스러움을 추구하는 것이 당연하다'라고 생각해 보자

엘리아데의 '호모 렐리기오수스'

성스러움을 추구한다고 하면 뭔가 수상하다는 생각이 들지도 모르겠다. 하지만 종교에 귀의하거나, 아이돌을 응원하는 것도 어떤 의미로는 성스러움을 추구하는 행위다. 그렇게 생각해 보면 성스러움을 추구하는 것도 인간이 행하는 일반적인 행동처럼 느껴지지 않는가? 종교가 아니더라도, 누군가의 팬이라거나 적어도 응원하는 대상, 마음에 두고 있는 대상이 있을 것이다. 사람은 그런 대상 없이는 살아갈 수 없기 때문이다.

이는 인간이 종교를 추구하는 것과 관계가 있다. 종교학자인 미르체아 엘리아데Mircea Eliade(1907~1986)는 인간을 가리켜 '호모 렐리기오수스Homo religiosus'라고 표현했다. 인간은 '종교적인 생물'이라는 의미다.

엘리아데는 이처럼 종교적인 생물인 인간은 '성스러움'을 추구한다고 주장했다. 여기서 말하는 '성스러움'이란 특별한 시공간이자, 특별한 체험이다. 일상은 아무것도 없는 무의미한 시공간에 지나지 않는다. 이는 성스러움에 반대되는 '세속'이라고 하면 좋을 것이다. 하지만 인간은 이 같은 무의미한 세속적 시공간만으로는 삶을 견뎌내기 힘들다. 그래서 성스러움을 추구한다. 이는 '성현'이라는 형태로 나타난다. 예컨대 성역이나 사원, 대성당 같은 물리적인 것부터 의식이나 축제 같은 무형적인 것까지를 포함한다.

<u>엘리아데의 이론이 보편적으로 받아들여지는 이유는 좁은 의미에서의 종교 이야기에 그치지 않고, 넓은 세상에 질서를 가져다주는 힘으로 논의하기 때문이다.</u> 특정 종교를 믿지 않더라도, 나쁜 짓을 하면 벌을 받으니 하지 말라고 하는 것이 하나의 사례다.

결국, 성스러움이란 인간인 이상 보편적으로 추구하게 되는 일상 속 특별한 감각이라고 할 수 있겠다.

엘리아데의 호모 렐리기오수스, 이렇게 활용해 보자

Q. **성스러움을 일상으로 들여오면 우리의 삶은 어떻게 변화할까?**

A. 매일 똑같은 평범한 일상이 '특별한 시공간'으로 변하여 눈을 뜨는 순간부터 설레는 마음으로 살아가게 될 것이다. 마치 아이돌을 응원하거나 명당 순례를 하는 사람들처럼 말이다. 더욱이 성스러움은 종교

에서 출발한 만큼 두근거림이라는 감각은 마음을 괴롭게 하기보다 평온하게 만들어 줄 것이다. 그런 의미에서 성스러움이 존재하는 삶의 하루는 충만해지지 않을까?

082

'누구든 거대한 악을 범할 수 있다'라고 생각해 보자

아렌트의 '악의 평범함'

여러분은 '거악^{巨惡}(거대한 범죄)'을 범하지 않을 자신이 있는가? 보통 거악은 특수한 사람이 범한다고 생각하기 쉽다. 하지만 독일 출신의 유대계 사상가인 한나 아렌트 Hannah Arendt(1906~1975)는 그렇지 않다고 말한다.

아렌트가 미국으로 망명하여 활약하던 당시, 나치의 장교였던 아이히만이라는 남자가 이스라엘의 정보기관 모사드에 체포되어 예루살렘에서 재판을 받게 되었다. 재판을 방청한 아렌트는 엄청난 악인이라고 여겼던 아이히만이 그저 도장이나 찍는 직원에 불과했다는 점을 지적한다.

우리는 나치처럼 절대적인 악이 존재한다고 믿지만, 아이히만을 보면 알 수 있듯 실제 '악'이란 평범한 인간도 쉽게 범할 수 있는 일상적인 것이다. 그러니 악행을 저지르지 않도록 더 신경 써야만 한다고 경고한다.

그리고 아렌트는 완전한 무사상성無思想性이야말로 '악의 평범성'의 배경이라고 주장한다. '아무 생각 없이 무언가를 행하다 보면 인간은 극심한 죄를 범하게 된다'라는 말이다. 악의가 없다고 해도 가능한 일이다.

이러한 주장은 나치를 특수한 인간이라고 단정 짓고 싶었던 사람들에게 강한 비난을 받았지만, 아렌트는 주장을 굽히지 않았다. 그러한 의견에 굴하는 것 자체가 악에 가담하는 일로 이어진다고 생각했기 때문이다. 그래서 과감하게 논쟁을 벌였다. 이것이 바로 아렌트가 세상에서 일어나는 일에 대해 생각하는 '공공철학'의 시조로 불리는 이유다.

아렌트의 악의 평범함, 이렇게 활용해 보자

Q. 자신이 거악을 범할지도 모른다는 가능성에 대해 생각해 보시오.

A. 우리는 평소 거대 범죄를 범할지도 모른다고 생각하며 살지 않는다. 그저 그날그날의 할당량을 해치우기에 급급할 뿐이다. 하지만 바로 거기에 함정이 존재한다. 할당량을 해치우는 삶에 빠지다 보면 생각할 여유를 잃고 만다. 이에 따라 조직이 이상한 방향으로 움직이더라도 그 불법적인 상황을 깨닫지조차 못하게 되는 것이다. 세상의 기업

이나 자치 조직에서 벌어지는 귀를 의심할 만한 불상사는 그렇게 일어나게 된다. 이것이 바로 아렌트가 말한 '무사상성'이다. 우리 주변에서도 깨닫지 못하는 사이에 작은 악이 쌓이고 있는지도 모른다.

'열등감은 좋은 것'이라고 생각해 보자
아들러의 '과제의 분리'

　인간은 비교하는 생물이다. 비교는 자신의 능력이 부족하다고 느끼게 만들어, 쉽게 열등감을 유발할 수 있다. 다만 모든 열등감이 나쁜 것은 아니다. 이때 참고할 만한 것이 오스트리아의 심리학자이며, 정신의학자인 알프레드 아들러Alfred Adler(1870~1937)의 사상이다.

　원래 내과 의사였던 아들러는 몸이 건강하지 못했고, 무대에서 화려하게 활약하는 서커스 단원들을 보고 열등감이 인간을 성장하게 만든다는 점을 깨달았다. 다만 그 열등감을 다른 사람과의 경쟁에 활용하기보다 자신의 이상에 다가가는 데 활용하는 것이 중요하다고 말한다. 즉, 열등감에는 나쁜 열등감과 좋은 열등감이 있다는 말이다.

'나쁜 열등감'은 다른 사람과의 비교를 통해 생겨나므로 자신을 고통스럽게 만들 뿐이다. 그러나 '좋은 열등감'은 자신의 이상과 직면하여 생겨나므로 자신을 성장하게 만든다.

잘 생각해 보면, 사실 다른 사람은 어떻든 상관없다. 자신이 어떻게 살아가고 싶은지가 가장 중요하다. 아들러는 이를 '과제의 분리'라고 칭했다. 즉, 자신의 과제에 다른 사람이 개입하지 않게끔 하라는 의미였다. 다른 사람에게 자신의 과제는 의미가 없으며, 무엇보다 자신만이 해결할 수 있기 때문이다.

열등감을 가졌다면, 그만큼 자신이 발전할 수 있다고 믿고 노력하라. 이처럼 단순한 삶의 모습을 목표로 삼아보자.

아들러의 과제의 분리, 이렇게 활용해 보자

Q. 열등감을 긍정적으로 인식하는 방법을 생각해 보시오.

A. 열등감을 가지는 것은 좋지 않다고 여기기 쉬운데, 아들러의 철학을 통해 그러한 고정관념을 없앨 수 있다. 아들러의 철학에서는 열등감을 '발전 가능성'이라고 칭하며, 긍정적으로 인식하려 한다. 예컨대 열등감을 가진다는 말은 '향상심이 있다'라는 증거다. 그렇게 생각하면 공부건 운동이건 더욱 노력하게 될 것이다. 또한, 열등감이 자신의 내부에서 잘 활성화되지 못한 부분이라면, 그 열등감은 바로 '발전 가능

성'이 된다. 이전에는 키가 작아서 고민이었던 개그맨이 오히려 키가 작다는 특징을 잘 활용하여 인기를 얻게 되었다는 이야기를 들은 적이 있다. 열등감을 살릴지 죽일지는 자신에게 달렸다.

084

'복수는 나쁜 것이 아니다'라고 생각해 보자

허쇼비츠의 '복수론'

일반적으로 복수는 나쁘다고 여긴다. 미움의 연쇄가 지속될 따름이라고 말이다. 하지만 정말로 그럴까? 참는 것이 옳은 것일까? 미국의 철학자 스콧 허쇼비츠Scott Hershovitz(생년 미공개)는 이런 이견을 밝혔다.

"악을 악으로 갚으면 선이 생겨날 수 있다."

"악을 악으로 갚아도 선이 생겨나지 않는다."라는 상식을 배반이라도 하는 듯한 단언이다.

애초에 악에 저항하지 않으면 자존심에 상처를 받는다. 주변에서 저 사람은 악을 감수한다고 평가하기 시작하면, 자신도 그렇게 생각하게 되기 때문이다. 그렇게 보이고 싶지 않다면, 악에 대해 분명히 분노를 드러내고 항의할 줄 알아야 한다. 그래서 허쇼비츠는 정도가 지나치지 않다면 두 번째의 악은 전혀 나쁘지 않다고 말한다.

행동의 도덕적 질은 그 행동이 무엇을 전하고자 하는지에 따라 정해진다. 같은 말이라도 다른 사람을 멸시하기 위해 내뱉은 최초의 악과 자신의 명예를 지키기 위해 내뱉은 두 번째 악은 그 의미가 전혀 다르다. 악에 대항하는 두 번째 악은 선으로 변화하기 쉽다.

허쇼비츠는 재판에서 호소하는 것에는 그런 효과가 있다고 말한다. 금전적 보상이 주목적이 아닌 복수로서의 재판이 그러하다. 상대방의 행동이 부당함을 드러내고, 자신의 명예를 지키려는 데 그 이유가 있다. 게다가 그러한 나쁜 행위를 사회 전체가 거부하는 계기를 만들 수도 있다. 그야말로 복수가 '선'이 되는 것이다.

허쇼비츠의 복수론, 이렇게 활용해 보자

Q. 따돌림을 당할 때, 선을 만들어 내는 복수 방법을 생각해 보시오.

A. 따돌림에 몰래 복수하면 그 순간에는 마음이 풀릴 수도 있지만, 후회할 수도 있다. 그 이유는 두 번째 악이 단순한 악이 되어 버리기 때문이다. 그렇게 되지 않기 위해서는 자신의 명예를 지키고, 더욱이 따돌리면 안 된다는 사실을 주변에 공표해야 한다. 구체적으로는 용기를

내어 따돌림당했다는 사실을 학교나 직장에 알리고, 따돌린 사람들이 벌을 받는 상황을 만들어야 한다. 예컨대 그것이 복수심에서 시작한 행동이라 하더라도 결과적으로는 선이 될 수 있기 때문이다.

'자신의 행복이 다른 사람에 대한 의무'라고 생각해 보자

알랑의 '불요불굴의 낙관주의'

누구나 행복하기를 바란다. 하지만 행복해지기란 좀처럼 쉽지 않다. 자신조차 실천하기 어려운 행복을, 다른 사람에 대한 의무라고 생각한다면 어떨까? 이런 질문에 대해 생각해 볼 때 참고할 만한 것이 알랑Alain(본명 에밀 오귀스트 샤르티에Emile Auguste Chartier)(1868~1951)의 행복론이다. 이는 흔히 '3대 행복론' 중 하나로 꼽히는 대표적인 이론이다.

알랑이라는 이름은 필명이며, 신문에 아주 많은 양의 칼럼을 기고했다. 그 원고를 정리한 것이 저서인 『행복론』이다. 알랑은 자신을 '불요불굴(한번 먹은 마음이 흔들리거나 굽힘이 없음)의 낙관주의자'라고 칭할 정도로 긍정적인 철학자였다. 그런 만큼 신문 칼럼을 통해 많은 사람을 건강하게 만들었을 것이다.

그렇다면 어떻게 해야 행복해질 수 있을까? 행복해지기 위해서는 자신의 의지가 중요하다. 아무것도 하지 않으면 불행해진다. 그러니 행복해지겠다는 의지가 있어야 한다. 반대로 말하자면 의지를 가지는 것만으로도 행복해질 수 있으므로 아주 간단한 일이다. 엄청난 부富도, 특별한 재능도 필요 없다. 긍정적인 마음가짐만 있으면 된다.

그리고 알랑은 자신이 행복해지는 것뿐만 아니라, '그 행복을 전염시켜 다른 사람까지 행복하게 만들 의무가 있다'라고 말한다. 자신이 불행하면 그 불행이 전염되어 다른 사람까지도 불행하게 만들기 때문이다. 바꿔 말하자면 우리는 누구나 다른 사람을 행복하게 만들기 위한 책임이 있다는 말이다.

행복을 나누기 위해서는 애당초 자신이 걱정이나 불안을 안은 채 부정적인 생각을 하면 안 된다. 우선 나부터 행복해져서 긍정적인 마음으로 다른 사람을 접해야 한다.

알랑의 불요불굴의 낙관주의, 이렇게 활용해 보자

Q. 자신의 행복이 다른 사람에 대한 의무라고 하면, 인생은 어떻게 바뀔까?

A. 일단 자신부터 행복해지려고 노력하게 될 것이다. 자신이 행복해야만 다른 사람을 행복하게 만들 수 있기 때문이다. 그런 다음 어떻게 해야 자신의 행복을 다른 사람에게 전파할 수 있을지, 다른 사람을 행복하

게 만들 수 있는지를 진지하게 생각하게 될 것이다. 바꿔 말하자면 이기적으로 인생을 살아가는 것이 아니라, 이타적으로 인생을 살아가게 될지도 모른다. 그 결과 자신도 다른 사람도 모두 행복하게 살아가게 될 것이다.

080

'사람은 원래 다른 사람을 이해할 수 없는 존재'라고 생각해 보자

로크의 '경험론'

우리는 정말 다른 사람을 이해하고 있는 걸까? 여러 사람이 같은 케이크를 먹고 있을 때 모두가 맛있다고 말한다면, 그 감각은 동일한 것일까? 이것이 실제로 같은 감각인지 알 수 없다는 사실을 발견한 사람은 17세기 영국 철학자인 존 로크 John Locke(1632~1704)이다.

로크는 영국의 '경험론'을 완성했다고 일컬어진다. 사람은 경험을 통해 '타불라 라사 Tabula rasa(라틴어로 '깨끗한 석판'을 의미)'라고 불리는 마음의 도화지에 관념을 써 내려간다고 주장했다. 다만 그 경험은 누구나 똑같이 얻을 수 있는 것은 아니라고 말한다.

원래 물체의 성질은 물체로부터 분리할 수 없는 1차 성질(형태나 크기 등)과 인간이 오감으로 인식한 후에 존재하는 2차 성질(맛이나 냄새 등)로 분류된다. 하지만 이 2차 성질은 사람에 따라 다르므로 같은 색이나 맛을 표현하더라도 정말로 같은 감각인지는 판별

할 방법이 없다.

이러한 사실을 알기 쉽게 나타낸 것이 로크의 철학을 토대로 후대에 고안된 '역전 퀄리아$^{Inverted\ qualia}$'라는 사고 실험이다. '퀄리아'란 현대 최신 철학 분야에서 의식과 관련해 논의하는 주관적 체험을 가리킨다. 같은 물리적 자극에 대해 인간이 어떻게 다른 경험을 하는지 그 가능성을 생각해 보는 것이다.

예컨대 "오늘 하늘이 파랗네."라고 말할 때, 친구가 "응, 파랗네."라고 대답한다 해도, 두 사람이 같은 색으로 인지하는지는 확실하지 않다. 즉, 진리란 어디까지나 주관적이라는 말이다. 그러나 우리는 자신의 상식이 만인에게 통용되는 객관적인 상식인 것처럼 착각한다.

로크의 경험론, 이렇게 활용해 보자

Q. 역전 퀄리아를 전제로 삼으면 사람 간의 소통은 어떻게 변하게 될까?

A. 우리는 무심결에 모두 똑같이 사물을 느끼고 이해한다고 생각한다. 하지만 역전 퀄리아에 의하면 반드시 그런 것은 아니다. 사과는 빨갛다고 해도, 그 빨강을 어떻게 느끼는지는 알 수 없다. 그렇다면 다른 사람들과 반드시 서로 이해할 수 없다는 전제가 형성된다. 오히려 서로 이해할 수 없으므로 냉정하게 소통할 수 있게 될 것이다.

087

말의 의미는 '문맥에 따라 정해진다'라고 생각해 보자
비트겐슈타인의 '언어 게임'

우리는 보편적으로 말의 의미가 사전에 쓰여 있으니, 처음부터 정해져 있다고 생각하기 쉽다. 일단은 정해져 있는 것이 분명하지만, 어디까지나 '일단'에 불과하다. 같은 말이라도 문맥에 따라 의미가 달라지기도 하기 때문이다.

오스트리아 출신의 철학자 루트비히 비트겐슈타인Ludwig Wittgenstein(1889~1951)은 이를 명확하게 지적하여 후대의 언어철학에 커다란 영향을 미쳤다. 비트겐슈타인이 주장한 것은 '언어 게임'이라는 개념이다. "언어는 단 하나로 의미가 확정되는 것이 아니라, 우리가 일상에서 게임처럼 언어를 주고받으면서 의미를 확정해 나간다."라는 주장이다.

그런 의미에서 '언어 게임'이란 생활 형식이라고도 할 수 있다. '말을 한다'는 행위는 생활을 영위하는 것 자체다. 바꿔 말하자면 언어는 어디까지나 도구이기에, 사용하는 상황에 따라 의미가 변화한다는 말이다.

예컨대 채소가게에서 '사과 5개'라고 말하면 가게 주인은 사과 5개를 건네줄 것이다. 그리고 그 대금을 청구할 것이다. 하지만 화가에게 같은 말을 하면 사과 5개를 그릴지도 모른다.

그러니 말할 때는 '생활'이라는 문맥에 맞춰 그 의미를 바르게 읽어 내야만 한다. 구체적으로는 그 말을 주고받는 상황을 잘 관찰하라는 말이다. 말은 그 소리만 제대로 들으면, 또는 문자만 제대로 본다면 이해할 수 있다고 착각하기 쉽다. 그러나 오히려 그 말을 사용하는 상황, 즉 문맥을 관찰하는 것이 가장 중요하다.

비트겐슈타인의 언어 게임, 이렇게 활용해 보자

Q. 언어 게임을 의식하면 일상적인 언어 사용이 어떻게 바뀔까?

A. 일단 자신이 말할 때 상대방과 문맥을 공유하고 있는지를 확인하게 될 것이다. 또 다른 사람의 말을 들을 때는 상대방이 의도한 문맥과 말을 함께 인식하려고 노력하게 될 것이다. 이렇게 하면서 소통 중에 생기는 애매함을 최대한 배제하여, 서로 오해를 줄여 갈 듯하다.

080

'정의로운 전쟁이 있다'라고 생각해 보자

왈저의 '정전론'

전쟁은 좀처럼 사라지지 않는다. 인간에게 욕망이 존재하는 한, 그리고 국가가 존재하는 한, 우리는 전쟁을 지속할지도 모르겠다. 그렇다면 정의로운 전쟁에 대해 생각해 봐야 하지 않을까? 그렇지 않고 어떠한 고민과 제동도 없다면, 상상하던 것 이상의 두려운 결과를 초래할지도 모른다.

이를 생각할 때 참고할 만한 것이 미국의 정치철학자인 마이클 왈저Michael Walzer(1935~)의 '정전론正戰論'이다. 정전론은 어떤 경우일 때 전쟁이 정의롭다고 여겨지는지를 알아보는 이론이다. 실제 정전론 자체는 고대 로마 시대부터 존재했지만, 왈저는 이를 현대의 문맥으로 정교하게 이론화하였다. 구체적으로는 '전쟁 자체의 정의'와 '전쟁 수행 중의 정의'라는 두 가지 조건이 충족된 후에야 비로소 전쟁이 정당화된다고 말한다.

'전쟁 자체의 정의'란 전쟁에 대의가 있는지를 의미한다. 영토나 주권이 침범받는 상황 등이 발생했을 때를 가리킨다. 정당방위와 같은 사고방식이다. 자위전쟁이 이에 해당한다.

'전쟁 수행 중의 정의'란 만약 전투행위를 해야만 한다고 해도, 비전투원은 결코 공격해서는 안 된다는 것이다. 당연하지만, 실제로는 지켜지지 않는 경우가 많다.

다만, 애당초 비전투원인지 아닌지를 구분하기 어렵다는 문제가 존재한다. 또한, 드론으로 폭격하는 현대의 첨단기술 전쟁에서는 오폭이 따르기 마련이다. 더욱이 긴급사태의 경우에는 피해를 최소화한다는 이유를 들어 예외를 인정하기 쉽다. 따라서 정의로운 전쟁을 실현하기란 매우 어렵다고 할 수 있다.

왈저의 정전론, 이렇게 활용해 보자

Q. 정의로운 전쟁을 실현하기 위해서는 어떻게 해야 할까?

A. 우선 왈저가 말하는 '전쟁 자체의 정의'라는 조건을 충족시키기 위해서는 자국에 잘못이 없어야 한다. 그러기 위해서는 마지막까지 외교 교섭을 통해 사태를 해결하고자 노력해야만 한다. 이때 상대국을 도발하는 듯한 태도를 보여서는 안 된다. 또한 '전쟁 수행 중의 정의'에 대해서는 더욱 신중해야 한다. 상대방이 확실하게 병사인지, 전쟁 관

련 시설이 맞는지를 확인한 후 최소한의 공격을 가해야 한다. 지금 세계에서 일어나는 전쟁은 어떤 관점에서 보더라도 정의롭다고 말하기는 어려울 듯하다.

'열정으로 돌파할 수 있다'라고 생각해 보자

우나무노의 '극단적인 것'

우리는 '도저히 무리일 것 같다'라는 생각이 들면 쉽게 포기하곤 한다. 또는 앞으로 나아가기를 주저하게 된다. 그 결과 마지막에는 무난한 선택을 하게 되고, 후회하는 일도 종종 일어난다. 과연 이것이 올바른 삶의 자세일까?

이 문제를 고민하는 데는 스페인의 위대한 철학자 미겔 데 우나무노Miguel de Unamuno(1864~1936)의 사상을 참고해 보자. 우나무노는 생과 사를 주제로 삼는 실존주의 사상을 확립했다고 일컬어진다. 우나무노가 이상적으로 여기는 삶의 자세는 스페인 문학에 등장하는 가공의 영웅인 돈키호테 같은 모습이다. 그렇기에 우나무노의 철학은 '열정의 철학'이라고도 불린다.

우나무노가 목표로 하는 삶의 자세는 스스로 인식하는 자신이나 타인이 보는 자신, 심지어 현실 그대로의 자신도 아닌, 오히려

'자신이 되고 싶은 이상의 자신이 되는 것'이라고 말한다.

또 우나무노는 '인생은 꿈'이라고 말하기도 한다. 만약 꿈이라면 '뼈와 살'로 이루어진 실제의 몸과 감정을 가진 사람이 그 꿈을 초월하여 현실을 살아가기 위해서는 어떻게 해야 할까? 이때는 상대방이 풍차인지 거인인지를 탐색하기보다, 마음이 시키는 대로 돌진하기를 추천한다. 마치 돈키호테가 과감하게 풍차를 향해 돌진했듯 말이다.

그렇게 추천하는 이유는 '극단적인 것'을 제외하고 중용을 요구하는 방식으로는 진리의 그림자까지 밖에 도달하지 못하기 때문이다. 아무래도 인생이란 싸움이니만큼, 극단적인 힘을 강조해야만 진리에 다가갈 수 있다는 말이다. 그런 의미에서 열정을 품고 있다면 어떤 것이라도 돌파할 수 있을 것이다. 비록 단 한 번 만에 목표에 도달하기는 어려울지라도, 한 발짝 전진하는 것은 틀림없다. 이를 반복하다 보면 그 끝에는 목표를 달성하는 미래가 기다리고 있을 것이다.

우나무노의 극단적인 것, 이렇게 활용해 보자

Q. 무리한 일에 도전할 때 열정으로 돌파할 수 있다고 생각하면 어떻게 행동하게 될까?

A. 인간은 '불가능하다'라고 생각하면 힘을 100퍼센트 쏟지 않기 마련이다. 그 결과 포기하거나 실패하게 된다. 실패를 생각하면 도전이 꺼려지므로 처음부터 무리라고 생각하지 말고, 열정을 갖고 돌파할 수 있다고 믿어보는 것이 어떨까? 그렇게 하면 준비할 때부터 열정을 쏟게 될 것이고, 어쩌면 정말로 돌파할 수 있을지도 모른다. 무엇보다도 모든 일은 직접 해 보지 않으면 알 수 없다. 그러니 열정을 갖고 힘차게 돌진해 보는 것 자체에 의미가 있다고 생각한다.

'종이책이 우월하다'라고 생각해 보자

에코의 '유기적 도구'

과연 독자들은 종이책을 좋아할까? 아니면 전자책을 더 좋아할까? 문자 읽기만이 목적이라면 분명 전자책이 부피도 차지하지 않고 다양한 기능이 있어 편리하다고 할 수 있겠다.

이러한 질문에 대한 해답을 찾는 데는 이탈리아의 철학자 움베르토 에코 Umberto Eco(1932~2016)의 생각이 도움이 될 것이다. 에코는 인쇄 기술 등을 별도로 치면 종이책은 500년 전이나 지금이나 본질적으로 차이가 없다고 말한다. 책은 지금보다 더 잘 만들 수가 없기 때문이다. 그런 의미에서 숟가락과 마찬가지다. 숟가락 역시 지금의 숟가락보다 더 좋아질 필요는 없다. 그러니 책도 종이의 질적 측면으로는 진화한다 해도, 책이라는 점에서는 변함이 없다는 말이다.

하지만 아무리 책이 더 이상 변하지 않는 최고의 형태라고 해도, 정보량 측면에서는 종이책이 인터넷과 연결된 전자책 쪽을 이길 수 없을 듯하다. 얼마든지 다운로드할 수 있기 때문이다.

그러나 에코는 인터넷은 자취를 감추는 것으로 생각한다. 쓴다는 행위는 원래 종이를 상정한 말이며, 이러한 의미에서 유기적인 행위다. 이른바 신체와 직접 연결된 전달 기술이라는 뜻이다. 이에 비해 인터넷은 '유기적인 도구'가 아니다. 그 증거로, 기록 매체는 방식이 바뀌면 활용 가치마저 사라지곤 한다. 요즘 카세트테이프나 비디오테이프 보기가 어려워진 것처럼 말이다.

이는 분명 인간의 행위와 대상이 쌍방으로 임기응변적 대응 관계를 유지할 수 없기 때문이다. 그런 점에서는 종이책이 훨씬 우월한지도 모르겠다. 지금까지 이렇게나 기술이 진화해 왔음에도, 우리는 몇백 년 전의 책을 읽을 수 있기 때문이다.

에코의 유기적 도구, 이렇게 활용해 보자

Q. 종이책이 우월하다면 우리 삶에 있어 책은 어떤 식으로 변화할까?

A. 종이책이 언제까지고 남아 있다면, 더 많은 기억을 남기기 위한 매체로 활용할 것이다. 그 순간의 생각을 쓰거나, 또는 물건으로써 그 존재 자체가 기억이 되게끔 자리매김하지 않을까? 우리가 책을 선물하는 것도 그런 이유라고 생각한다. 어쩌면 책 자체가 기억을 위한 매체가 될지도 모르겠다.

'먹는 것이 곧 인생'이라고 생각해 보자

에피쿠로스의 '쾌락주의'

우리는 보통 먹는 것을 어느 정도로 중시할까? 물론 식사 시간을 기대하는 사람도 많겠지만, 먹는 것이 곧 인생이라고 생각하는 사람은 그렇게 많지 않을 것이다. 이러한 질문에 참고할 만한 것이 헬레니즘 시대의 철학자 에피쿠로스^{Epicuros}(기원전 341~기원전 270)의 사상이다.

에피쿠로스는 이렇게 말했다.

"위장의 쾌락은 모든 선의 시작이자 근본이다."

즉, '먹는 것은 인간에게 단순한 생명 유지를 넘어, 모든 선의 기초가 된다'라는 말이다. 에피쿠로스는 쾌락주의자라고 불리는데, 그가 생각하기에 쾌락의 근원은 바로 먹는 것에 있었다.

그렇지만 많이 먹으면 먹을수록 쾌락이 증가하는 것은 아니다. 또 물질적으로 풍부하다고 행복한가 하면 그렇지도 않다. 어쩌다 보니 우리는 양이나 질을 추구하게 되지만, 에피쿠로스는 모두 부정한다.

오히려 적절한 양만 먹기를 권한다. 질적인 면에서도 물과 빵만으로 쾌락을 얻을 수 있다고 말할 정도다. 종종 오해받기도 하지만, 에피쿠로스가 말하는 '쾌락주의'란 마음을 흥분시키는 것과는 정반대의 사고방식이다.

에피쿠로스가 말한 쾌락은 '아타락시아Ataraxia'로 '마음이 혼잡하지 않은 상태'를 추구한다. 그러기 위해서는 너무 많이 먹지 말고, 사치스럽지도 않아야 한다. 그렇게 음식을 제대로 제어할 수 있으면 참된 쾌락을 얻을 수 있고, 행복한 인생을 보낼 수 있다고 말한다.

에피쿠로스의 쾌락주의, 이렇게 활용해 보자

Q. 적절하게 먹는 것이 행복이라는 사실을 깨달으면, 식생활은 어떻게 변할까?

A. 에피쿠로스가 말했듯 너무 많이 먹지 말고, 영양 과다 상태가 되지 않도록 주의하게 될 것이다. 그렇지 않으면 식생활이 혼잡해지는 것은

물론이고, 건강을 해치며 인생 자체가 고통을 겪게 된다. 과장이라고 생각할 수도 있겠지만, 실제로 혼란스럽고 건강하지 못한 식습관으로 인해 병에 걸리는 일은 아주 흔하다. 또 누구와 무엇을 어떻게 먹는지, 식생활을 더욱 중시하는 것이 인생 전체의 행복과 연결될 것이다.

'어리석은 사람이 사려 깊다'라고 생각해 보자

에라스뮈스의 '우신예찬'

'사려 깊다'고 하면 현명한 사람을 묘사하는 것 같지만, 정말로 그럴까? 르네상스 시대의 사상가 데시데리위스 에라스뮈스 Desiderius Erasmus(1466~1536)는 그런 '당연함'을 전복시킨다. 에라스뮈스가 집필한 『우신예찬 Moriae Encomium』은 어리석음의 여신 모리아가 인간의 어리석음을 풍자하는 독특한 작품이다.

에라스뮈스는 이 책을 통해 "진정한 사려 깊음은 지식인이나 현자가 아닌 어리석은 자가 가지고 있다."라고 주장한다. 분명 이런 내용은 풍자적이지만, 한편으로는 진리를 관통한다. 예컨대 사물을 아는 데 방해가 되는 것이 두 가지가 있는데, 어리석은 자는 이를 일소시킨다고 말한다. 그 두 가지는 바로 '부끄러움'과 '걱정'이다. '부끄러움'은 마음의 눈을 흐리게 하고, '걱정'은 위험이 닥쳤을 때 행동을 방해하기 때문이다. 어째서 어리석은 자는 부끄러움과 걱정을 없앨 수 있을까? 바로 하찮은 일에 신경 쓰지 않고 과감하게 앞으로 나아가기 때문이다.

부끄러워서 좋아하는 사람에게 고백하지 못한다던가, 걱정 탓에 새로운 일에 도전하지 못하는 것은 사려 깊은 것이 아니라, 그저 겁쟁이일 뿐이다. 결과적으로 그 판단이 옳았던 적이 있을 수도 있지만, 대부분은 직접 해 보지 않으면 알 수 없다. 즉, 에라스뮈스는 모든 일을 정확하게 판단하는 것만이 참된 사려 깊음이 아니라고 말한다. 이러한 사례를 통해 알 수 있듯이 참된 사려 깊음이란 모든 일에 과감하게 도전해 보는 것이며, 그렇게 하는 편이 성공을 가져다줄 확률이 높다. 매우 역설적이지만, 일리 있다고 할 수 있겠다.

에라스뮈스의 우신예찬, 이렇게 활용해 보자

Q. 어리석은 자의 행동이 사려 깊다면 일상을 대하는 자세는 어떻게 바뀔까?

A. 부끄러움이 사라지고 용기를 내게 되어 어떤 일이든 적극적으로 임하게 될 것이다. 특히 동양인들은 실패에 민감한 편인데, 이런 태도가 긍정적으로 작용할 듯하다. 예컨대 다른 사람 앞에서 의견을 말한다거나, 외국어로 말할 때 부끄러움이나 실패에 대한 두려움 등의 약점을 해소하게 되어 다양한 일을 성공시킬 확률도 높아질 것이다.

'어린아이처럼 놀면 아이디어가 샘솟는다'라고 생각해 보자
에릭슨의 '놀이'

어른이 되면 좀처럼 아이디어를 떠올리기가 어렵다. 어릴 때는 금세 '놀이' 아이디어가 샘솟아 실천하곤 했는데 말이다. 왜 그런지 여러분도 그 이유를 금방 알 수 있다. 아이디어는 어린아이처럼 놀 때 생겨나는 것이기 때문이다.

현대에도 이렇게 생각하는 사상가가 있다. 바로 미국의 에릭 에릭슨Erik Erikson(1902~1994)이다. 에릭슨은 '정체성'이라는 개념을 주창한 사람으로 유명한 발달심리학자이기도 하다. 에릭슨은 놀이를 다음의 세 가지로 분류했다. 신체감각을 통한 놀이를 의미하는 '자기 세계의 놀이autocosmic play', 완구를 사용한 놀이인 '미시 영역 놀이the micro-sphere play', 다른 사람과 놀이하는 '거시 영역 놀이macro-sphere play'다.

이 세 단계는 원래 어린이의 놀이를 염두에 둔 것이지만, 어른에게도 해당한다. 어른도 일하면서 무언가를 생각할 때 어떤 의미에서는 놀이와 비슷한 활동을 하기 때문이다. 즉, 일단 '사고'라는 이름의 자기 영역에서 활동을 개시하고, 그다음으로 실험실이나 제도판 위에서 양식을 만들어 과거부터 미래를 창조적으로 예측하고, 미래에 대한 희망을 강화해 나간다. 그렇게 다른 사람과 연결된다.

다소 추상적이지만, 어린이가 놀이하는 과정과 어른이 하나의 일을 만들어 내는 과정은 크게 다르지 않다는 말이다. 어른이 일하면서 문제를 해결하거나, 아이디어를 내는 과정은 마치 아이가 놀이할 때 하는 행동과 비슷하다.

어쨌든 아이디어를 낼 때는 무엇보다 즐거워야 한다는 점이 가장 중요하다.

에릭슨의 놀이, 이렇게 활용해 보자

Q. 아이디어를 내는 과정을 놀이로 만드는 방법을 고안해 보시오.

A. 예컨대 어릴 때 어떤 식으로 놀았는지 떠올려 보면 좋을 것이다. 놀이이니 모두 함께 즐겁게 떠들면서 하는 것이 좋지 않을까? 아이디어를 낼 때는 이처럼 즐거운 분위기가 꼭 필요하다. 그러니 회의실에서 아이디어를 내는 데는 한계가 있다. 또한, 아이디어를 내는 것 자체를 게임처럼 해 보는 것도 좋겠다. 경쟁이 흥분으로 이어져, 재미있는 아이디어를 내는 데 긍정적인 영향을 가져다줄 수 있기 때문이다.

'귀족이 되면 자기 의견을 가질 수 있다'라고 생각해 보자

오르테가의 '대중의 반역'

자신의 의견을 가지려면 어떻게 해야 할까? 스페인의 사상가 호세 오르테가 이 가세트 José Ortega y Gasset(1883~1955)는 귀족이 되면 자기 의견을 가질 수 있다고 말했다. 단, 이때의 귀족은 '정신적인 귀족'을 일컫는 것으로, 전통 있는 가문과 결혼한다거나 양자가 된다거나 하는 의미는 아니다.

원래 오르테가는 대중을 비판했다. 여기서 말하는 '대중'이란 엘리트에 비견되는 일반 서민이 아니라, 평범한 정신을 가진 평균인을 일컫는 말이다. 이런 의미에서의 대중은 조금이라도 특이한 사람이 있으면 공격하려 든다.

오르테가는 전쟁 전의 파시즘과 공산주의 운동을 염두에 두고 "대중은 린치밖에 할 줄 모른다."라고 말했다. 현재 우리가 사는 인터넷 환경에서 악성 댓글을 다는 것을 봤다면 똑같이 말하지 않았을까? 당시 대중들도, 현재의 우리도 모두 의지할 곳이 부족하여 이런 행동을 하는 것이다. 그런 사람들은 자신이 대중의 일부가 되었을 때 비로소 존재 의지를 갖게 되고, 자기 자신을 정당화한다. 그러므로 의지할 곳에 기대어 비난에 편승하려 하는 것이다. 따라서 그러한 상황을 바꾸기 위해서는 한 사람 한 사람이 제대로 된 자아를 가져야 한다. 오르테가가 말하는 '정신적 귀족'이란 이러한 개개인을 지칭하는 말이다. 사람은 자신의 자아를 갖게 되면 그동안 자신이 부화뇌동하여 타인의 의견에 편승했었다는 사실을 겨우 깨닫게 된다.

오르테가의 대중의 반역, 이렇게 활용해 보자

Q. 정신적 귀족이 되면 SNS에서 어떻게 행동하게 될까?

A. 우선 자신의 과거를 되돌아보고, 경험에 근거한 확실한 의견을 가지게 될 것이므로 다른 사람이 이러쿵저러쿵 말해도 신경 쓰지 않게 될 것이다. 또 다른 사람에게도 관용적인 태도를 보이게 되지 않을까? 확고한 생각을 지닌 사람은 다른 사람의 생각도 수용할 수 있게 되기 때문이다. 자신과 생각이 다르다면 긍정적으로 논의해 보면 된다. 더욱이 SNS에서는 논의할 필요가 없으므로 굳이 얼굴이 보이지 않는 상대와 비뚤어진 관계를 맺을 필요가 없다고 생각한다.

SNS의 배경에 '공포가 존재한다'라고 생각해 보자
카네티의 '접촉 공포의 전도'

우리는 어째서 다른 사람의 SNS를 구독하거나 자신의 구독자 수에 집착하는 걸까? 이 문제를 생각해 보는 데 참고가 될 만한 것이 불가리아 출신의 사상가 엘리아스 카네티$^{Elias\ Canetti}$(1905~1994)의 '군중에 관한 고찰'이다.

카네티는 "사람에게는 미지의 존재와 접촉하기를 피하고 싶은 본능이 존재한다."라고 말한다. 이를 '접촉 공포'라고 한다. 따라서 사람은 개인 간의 거리를 제로로 만들고, 하나가 되기를 바란다. 즉, 군중이 되어 이질적인 것에 대한 공포를 피하고자 하는 것이다. 카네티는 이 현상을 '접촉 공포의 전도'라고 부른다.

그리고 접촉 공포를 피하고자 군중이 된 사람들은 동료의 수를 늘리는 것 자체를 목적으로 삼기 시작한다. 이를 통해 공포가 줄어들기 때문이다. 또 이 같은 군중에는 지도자가 없다는 점이 특징이다. 이들은 누군가에게 지도받고자 하는 것이 아니라, 모두 평등한 위치에 있기를 원한다.

카네티가 말한 이 군중론은 전쟁 전의 독일 나치즘을 염두에 둔 것이긴 하지만, 구체적인 시대나 장소를 특정한 것이 아니므로, 오히려 어느 시대나 통하는 보편적인 사상이었다. 그런 만큼 현대의 SNS에도 응용할 수 있다고 생각한다.

즉, 구독자 수를 늘리고 싶은 것은 인간의 본능이므로 어쩔 수 없다는 말이다. 모두가 공포를 피하고자 무리를 이루려 한다. 그러나 카네티도 지적했듯이 권력이 군중을 이용하려 할 가능성이 항상 도사리고 있다. 현대의 SNS도 정치 권력뿐 아니라 구독자를 광고 타깃으로 삼는 거대 IT 기업 등을 포함하여, 우리는 항상 이용당할 위험에 처해 있다고 생각해야 한다.

카네티의 접촉 공포의 전도, 이렇게 활용해 보자

Q. SNS에서 무리를 이루는 것이 공포를 피하기 위함이라면, 앞으로 어떤 태도를 갖춰야 할까?

A. 우선 다른 의견을 가진 사람을 이질적이라고 두려워하지 말고, 다양성이라고 생각하면 애써 무리 지을 필요가 없어진다. 또 같은 의견을 가진 사람들끼리는 논의할 필요가 없으므로 사고가 정지되고, 자신들

의 외부에 있는 사람에게 조작당하기 쉬워진다. 군중이 조작되는 이유가 이 때문이다. 그런 사태를 피하기 위해서라도 다른 의견을 적극적으로 수용하자. 군중의 일원이 되려고 애쓸 필요는 없다.

'현재를 살다 보면 매너리즘을 극복할 수 있다'라고 생각해 보자

아도의 '행복론'

누구나 같은 일을 반복하다 보면 매너리즘에 빠지고 만다. 그럴 때는 보통 새로운 일에 도전하거나 이직한다. 하지만 정말로 그렇게까지 할 필요가 있을까? 이런 질문을 생각해 보기 위해 프랑스의 철학자 피에르 아도 Pierre Hadot(1922~2010)의 사상을 참고해 보자.

사실 아도는 몇 번이나 수술을 받으며 죽음을 경험해야 했다. 그런 중에 현재를 살아가는 경지에 이르게 되었다. 아도는 이런 상태를 "처음으로 세상을 보는 듯, 그리고 마지막으로 보는 듯한 기분으로 살아가는 것"이라고 표현했다.

그러한 마음가짐으로 살아가다 보면 모든 순간에 무한한 가치가 존재한다는 점을 깨닫게 된다. 즉, 새로운 도전을 하지 않아도, 또 위험 부담을 감수하며 이직하지 않아도 일상에서 조금만 시점을 바꿔도 행복을 느낄 수 있게 된다는 말이다.

항상 하는 일이더라도 처음 했을 때를 떠올리며 '어쩌면 이번이 마지막일지도 모른다'라고 생각해 보면, 긴장감이나 기쁨이 생겨날 것이다. 아도는 그러한 시각을 가질 수 있도록 높은 곳에 올라 보기를 권한다. 높은 곳에 올라 아래를 내려다보면 인간이라는 존재가 얼마나 작은지 느낄 수 있기 때문이다.

그렇게 자신이 얼마나 작은 존재인지를 생각해 보면, 좁고 이기적인 시야에서 해방되고, 넓고 보편적인 시점을 갖게 될 것이다. 그렇게 되면 당연한 일상을 새로운 시야로 재인식할 수 있게 되고, 그에 대한 감사의 마음도 생겨나지 않을까?

아도의 행복론, 이렇게 활용해 보자

Q. '현재를 살아가자'라는 아도의 사상을 염두에 두면 일상생활은 어떻게 바뀔까?

A. 우선 천천히 그리고 정중한 자세로 자신의 행동 하나하나를 돌아보게 될 것이다. 평소에는 지나쳤던 것도 시간을 들여 바라보고, 그 의의를 생각해 보게 된다. 그러면서 새롭게 발견하는 것도 많아질 것이다. 또 모든 일에 감사하게 되기 때문에, 사람이나 사물에 친절하게 대하게 될 것이다.

097

'예술은 세상을 인식하는 방법'이라고 생각해 보자

굿맨의 '예술론'

예술 감상은 취미에 지나지 않는다고 생각하기 쉽다. 그러나 미국의 철학자 넬슨 굿맨Nelson Goodman(1906~1998)의 예술에 관한 철학을 알게 되면, 예술 감상에는 더 깊은 의미가 있다는 점을 깨닫게 될 것이다. 굿맨은 무려 예술이 세상을 인식하는 방법이라고 주장한다.

굿맨은 "과학과 예술에는 공통점이 있다."라고 말했다. 과학도 예술도 모두 현실 세계와의 적합성을 문제로 삼기 때문이다. 이는 곧 예술 표현도 현실 세계를 인식하는 또 다른 방법이라는 말이다.

더욱이 굿맨의 주장이 독특한 이유는 예술이 과학보다 세계 인식을 넓히는 데 더 큰 장점이 있다고 말했기 때문이다. 그의 근거는 이렇다. 예술 표현에는 메타포가 포함되어 있기 때문이다.

현실 세계와 달리 예술 표현은 어디까지나 상징적이며, 거기에는 무수히 많은 가능성이 포함되어 있다. 그러니 추상적일수록 다양한 의미를 담을 수 있는 것이다. 이른바 우리가 상상하는 개수만큼 그 의미가 생겨나는 것과 다름없다.

따라서 예술을 감상할 때 우리가 그 작품과 현실 사회의 무엇인가를 연결 짓는다면, 이는 그 예술을 통해 세상을 인식한다는 의미다. 뉴스를 보는 것과는 전혀 다른 방법으로 말이다. 그러니 의의가 있다고 하는 것이다.

굿맨의 예술론, 이렇게 활용해 보자

Q. 예술이 세계를 인식하는 방법이라면, 과거의 예술을 보는 것에는 어떤 새로운 의의가 있을까?

A. 비록 과거의 작품이라도 현대까지 관통하는 보편적 주제를 다루고 있을 수도 있다. 예컨대 피카소의 게르니카는 스페인 내전을 풍자하는 작품이지만, 전쟁 비판이라는 주제는 지금까지도 통용된다. 전쟁 비판이라는 상징성이 보편적인 데다, 모든 개별 전쟁에도 해당하므로 겹쳐볼 수 있다. 즉, 그 그림을 통해 현대사회를 비판할 수 있다는 말이다. 게르니카에 나타난 것처럼 사람뿐만 아니라 모든 생명체가 폭격으로 생명을 빼앗기는 잔혹함은 어떤 전쟁이건 공통된다. 그러니 게

르니카에 나타난 무기질적이고 잔혹한 묘사를 보며, 지금 일어나는 전쟁 그리고 앞으로 일어날지도 모르는 미래의 전쟁을 반대하게 되는 것이다.

'침묵은 음악'이라고 생각해 보자
케이지의 '침묵'

'침묵'을 견디기 어렵다고 말하는 사람의 이야기를 종종 듣곤 한다. 아마 음악도, 이야기 소리도 없는 무음의 상황이 어색하기 때문이 아닐까? 그런데 침묵이 진정 아무 소리도 없는 상황일까? 미국의 음악가이자 사상가인 존 케이지John Cage(1912~1992)는 '침묵도 음악'이라고 주장한다.

케이지가 만드는 음악은 스스로 '실험 음악'이라고 부를 정도로 그야말로 파격적이다. 그 상징적인 음악이 바로 침묵을 음악으로 소개한 〈4분 33초〉다. 악보에는 4분 33초라는 연주 시간만 정해져 있을 뿐, 아무런 음표도 적혀 있지 않다. 따라서 오케스트라 역시 연주하지 않는다. 그 시간에 우연히 생긴 음, 예컨대 대중의 기침 소리나 잡음이 울려 퍼질 뿐이다.

여기서 케이지가 말하고자 하는 바는 침묵은 무음이 아니라,

우연히 발생한 음이 존재하는 상태라는 점이다. 그런 의미에서 우리가 아무리 침묵을 만들어 내려고 해도, 불가능하다는 사실을 알 수 있다.

그래서 케이지는 "내가 죽을 때까지 음향이 존재한다."라고도 주장한다. 항상 어떤 소리가 울려 퍼지고 있는데, 그 소리는 침묵인 동시에 음향이기 때문이다. 케이지가 식물의 성장에도 음이 동반된다며, 버섯을 음원으로 만든 것도 이러한 이유 때문이다(존 케이지는 유명한 버섯 마니아로, "버섯과 같은 균류의 포자가 터지는 순간, 인간의 귀로는 들을 수 없는 음악이 연주된다."라는 말을 남겼다).

케이지가 말했듯 우유 한 잔을 마시고 싶다면 컵과 우유가 모두 필요하지만, 가장 먼저 필요한 것은 우유를 넣기 위한 빈 잔이다. 즉, 이 세상에는 음악을 즐기기 위한 전제가 되는 침묵이 필요하다는 말이다.

케이지의 침묵, 이렇게 활용해 보자

Q. '침묵이 음악'이라고 인식하면, 일상은 어떻게 바뀔까?

A. 우선 침묵이 고통스럽지 않게 느껴질 것이다. 그리고 오히려 침묵 속에 숨은 소리를 즐기게 된다. 마치 음악을 듣듯이 침묵을 즐기는 것이다. 보통 어디에서든 배경음악이 흘러나오는 것만 봐도 알 수 있듯이

사람들은 무슨 소리라도 나지 않으면 안정되지 않는다고 여긴다. 하지만 반대로 아무 소리도 나지 않는 편이 마음을 진정시키기 쉬운지도 모른다. 침묵 속에서 생겨나는 자연스러운 소리에 귀를 기울여 보자. 이 세상은 너무나도 많은 소리로 가득하다는 사실에 놀라게 될 것이다.

099

'각각의 차별에 주목해도 해결되지 않는다'라고 생각해 보자

콜린스의 '교차성'

섹슈얼리티에 관한 차별을 어떻게 인식해야 할까? LGBTQ+(Lesbian, Gay, Bisexual, Transgender, Queer Plus, 성적 지향과 성 정체성의 다양한 스펙트럼을 포괄하는 용어)처럼 보통은 각각의 입장마다 어떤 차별을 받는다고 생각할 것이다.

그러나 문제는 그렇게 간단하지만은 않다. 미국의 사회학자 패트리샤 힐 콜린스$^{Patricia\ Hill\ Collins}$(1948~)의 연구팀은 모든 차별은 '교차성^{intersectionality}' 문제로 인해 발생하며, 개인이 놓인 상황별로 다르게 생각해 봐야 한다고 말한다. '교차성'이란 복수의 차별 요소가 중첩된 상태를 가리킨다. 이른바 사람들이 차별받는 문제를 제대로 분석하기 위한 도구라고 할 수 있다.

예컨대 흑인 여성이 받는 차별은 단순히 인종차별이나 성차별만으로 설명할 수 없다. 흑인 여성이라는 이유로 겪는 특별한 형태의 차별이 따로 있는 것이다. 어떤 나라에서 여성이 성 이외의 이슈로 차별받는 경우는 반드시 교차성과 관련한 이유 때문일 것이다. 예컨대 경험 때문이라거나, 나이가 들었다거나 하는 식으로 말이다.

이처럼 교차성 측면에서는 인종, 계급, 젠더, 섹슈얼리티, 국가, 능력, 민족성, 연령 등의 카테고리가 상호 교차하는 문제를 다룬다. <u>복수의 문제가 교차하는 경우, 그것이 단순한 더하기가 아닌 새로운 다른 문제로 나타나게 된다.</u> 게다가 '○○차별'이라는 하나의 문제로 접근해서는 해결할 수 없는 상황이 생겨나고 있다.

콜린스의 교차성, 이렇게 활용해 보자

Q. 교차성이라는 발상에서 보자면 젠더리스 화장실은 어떻게 인식해야 할까?

A. 큰 화제가 되었던 젠더리스 화장실은 그야말로 성별 관계없이 누구나 사용할 수 있다는 점이 특징이다. 다만 그 때문에 악용될 위험성이 도사리고 있다는 점도 문제가 되고 있다. 하지만 그렇다고 해서 폐지하기는 이르다고 생각한다. 특히 교차성 관점에서 볼 때 성별이 아닌 개

개인의 다양한 상황에 주목한다면, 기존의 화장실이 자유롭지 않다고 느꼈던 사람들을 위해 젠더리스한 공공 공간이 반드시 필요하다고 생각한다. 악용이라는 문제는 감시를 강화하는 등의 방법을 통해 대처해야 할 것이다.

100

'실력 파위는 운에 불과하다'라고 생각해 보자
샌델의 '기여적 정의'

실력이란 무엇인가? 미국의 정치철학자 마이클 샌델^{Michael} ^{Sandel}(1953~)은 만약 실력이 노력과 재능의 결과를 가리키는 것이라면, 그 실력은 우연하게도 노력할 수 있는 환경에서 태어났고, 그러한 재능을 부여받았을 뿐이니 순전히 운에 불과하다고 주장한다. 그런데도 우리는 노력과 재능을 과잉 평가하여 이른바 능력주의를 지향한다. 그것이 학력주의를 만들어 내고, 결과적으로는 사회를 분절시켰다.

애당초 노력하면 좋은 대학에 갈 수 있는가 하면 반드시 그렇다고는 할 수 없다. 태어난 환경에 따라 받는 교육이 달라지기 때문이다. 즉, 노력할 수 있는 환경인지 아닌지는 운에 지배된다는 말이다. 이를 제대로 이해한다면, 노력과 재능이 풍부한 승자는 더욱

겸손해지게 될 것이다.

그러나 현실에서 승자는 교만해지고, 패자는 굴욕을 배운다. 그래서 미국에서는 고학력이 아닌 백인 노동자층이 트럼프 대통령을 지지하는 포퓰리즘 문제가 발생하는 것이다.

여기서 샌델은 '능력주의로 인해 생겨난 대립을 초월하여, 사회 전체의 목표인 공동선을 위해 노력해야 한다'라고 주장한다. 다만 그 공동선은 기존처럼 소비자의 행복을 최대화해서는 안 된다. 오히려 생산자, 즉 노동자에게 눈을 돌려야 한다고 말한다. 다시 말해 모든 노동자가 자신도 역할을 하고 있다고, 이바지하고 있다고 실감할 수 있는 세상을 만들어야 한다는 것이다. 자본가나 소비자처럼 생산성을 중시하는 정의에서 벗어나 노동자를 위한, 이른바 '기여적 정의'로 전환해야 한다고 말한다.

샌델의 기여적 정의, 이렇게 활용해 보자

Q. 실력이 운에 불과하다면, 사회의 제도는 어떻게 바뀌어야 하는가?

A. 우선 학력 사회를 재검토해야 한다. 예컨대 대학 입시도 입학의 기회를 평등하게 주기 위해 모든 사람이 원하는 학교에 입학할 수 있게 한다면 어떨까? 취직도 같은 시스템을 검토해야 할 것이다. 물론 정원 수

문제가 있으므로, 그때는 평등하게 제비뽑기로 추첨하는 편이 좋을지도 모르겠다. 이 제비뽑기는 평등하게 기회를 부여한 다음, 운으로 뽑는 것이므로 그러한 기회가 전혀 주어지지 않는 현재의 사회제도와는 크게 다르다고 할 수 있다.

끝으로

의심은 끝이 아닌 '시작'

이제 독자 여러분도 의심하는 방법에 조금은 도가 트였기를 바란다. 마지막으로 의심한 다음에 해야 할 철학적 사고 과정을 조금 설명해 드리고자 한다.

철학을 활용하여 '당연함'을 의심하게 되면, 지금까지와는 다른 관점의 견해가 생겨나고 새로운 부분이 보이기 시작할 것이다.

다만 그 후에 구체적으로 새로운 사고방식이나 방법을 만들어 내기 위해서는 더욱 적극적으로 철학적 사고를 지속해야 한다. **의심하는 것은 철학적 사고 과정의 끝이 아닌 시작**이기 때문이다.

철학적으로 사고하기 위해서는 '의심을 한 뒤 어떻게 인식할 것인가'로 관점을 바꾸어야 한다. 단편적인 관점, 즉 추측을 의심하고 다른 관점을 모색하는 단계가 필요하다.

그런 다음 다시 정리하여 새로운 답을 도출한다. 이것이 바로 철학적 사고의 과정이다. 그래서 나는 '①**의심한다**, ②**관점을 바꾼다**, ③**재구성한다**'라는 세 단계를 하나의 철학적 사고 과정으로 엮어서 세상에 널리 알리는 중이다.

이 책에서는 그런 철학적 사고의 가장 중요한 도입부에 대한 다양한 단면을 소개했다. 어쨌든 의심하지 않고서는 철학적 사고가 시작하지 않기 때문이다. AI는 이런 활동을 할 수 없다. 본문에서도 소개한 독일의 기예 철학자 마르크스 가브리엘의 표현을 빌리자면 "문제를 발견하는 것은 인간, 과제를 해결하는 것은 AI"인 셈이다.

당연함이 무엇인지 모르는 AI는 애당초 당연함을 의심할 수조차 없다. 그런 의미에서 의심이라는 최초의 단계를 우리 인간이 충분하게 습득하는 것이 얼마나 중요한지 이해할 수 있을 것이다.

지금까지 나는 전국적으로 기업의 철학적 사고 연수를 진행해 왔다. '비즈니스 철학 연수'라고 부르는데, 거기서는 이러한 철학 사고 과정을 실천할 수 있도록 지도한다. 그 결과, 실제로 많은 혁신이 탄생하게 되었다.

독자 여러분도 이 책을 계기로 철학적 사고에 흥미를 느끼고, 그런 사고에서 비롯된 다양한 혁신이 세계를 이끄는 모습을 함께 기대해 본다.

당연한 것들을 의심하는 100가지 철학

펴낸날 2025년 8월 10일 1판 1쇄

지은이 오가와 히토시
옮긴이 곽현아
펴낸이 金永先
편 집 정아영
디자인 김리영
마케팅 신용천

펴낸곳 이든서재
주 소 경기도 고양시 덕양구 청초로 10 GL 메트로시티한강 A동 20층 A1-2002호
전 화 (02) 323-7234
팩 스 (02) 323-0253
출판등록번호 제 2-2767호

ISBN 979-11-94812-04-3 (03190)

> 이든서재와 함께 새로운 문화를 선도할 참신한 원고를 기다립니다.
> 이메일 dhhard@naver.com (원고 투고)

- 이 책은 저작권자와의 계약에 따라 발행한 것이므로 본사의 허락 없이는 어떠한 형태나 수단으로도 이 책의 내용을 사용하지 못합니다.
- 파본은 구입하신 서점에서 교환해 드립니다.